Judas Capitolino

R. BLANCO-FOMBONA

Judas Capitolino

Lo que yo digo perdura.
CECILIO ACOSTA.

CHARTRES

IMPRENTA DE EDMOND GARNIER

PRÓLOGO

Prólogo

Este es un libro de pasión pero es también un libro de verdad. El ardor de la lucha y el resentimiento de persecuciones inmerecidas pudieron influir en el autor que, sin sustraerse á aquellos estímulos pasionales, dió el tono cálido del odio á sus palabras y convirtió en arena de púgil estas páginas. Pero la verdad resplandece aquí. No será en la calma que me impongo para escribir en ecuánime disposición de espíritu este prefacio aclaratorio cuando falte á ella. Ninguna de las historias que relato en el cuerpo de la obra, ninguno de los hechos que afrento, ninguna de las acusaciones que lanzo, ninguno de los banquillos que erijo, ninguna de las ejecuciones que llevo á cabo son cosa de especulación ó de mentira. No. La verdad trasciende, como perfume intenso, de estas páginas. Nada me ha puesto la pluma en la mano sino la indignación. Nada me ha movido sino el patriotismo. Nada me ha inspirado sino la justicia, — no aquella cómplice de pillos y tiranos que se disfraza de clemencia, sino la justicia de que el árbol sea conocido por sus frutos, de que los aduladores oficiales no logren tergiversar con patrañas que se cobran en dinero la opinión pública en el día y la historia mañana.

Pero no es sin un sentimiento melancólico, nacido de convicciones profundas, y las cuales hasta el presente nadie comparte en mi país, que comprendo la inutilidad del esfuerzo patriótico en esta forma de luchas parciales contra la tiranía y la barbarocracia, porque la barbarocracia y la tiranía no son esporádicas en Venezuela sino constante y forzosa consecuencia de las condiciones étnicas y sociales de la nación. Mientras éstas no cambien, la barbarocracia y el desbarajuste imperarán, en formas más ó menos atenuadas á veces, por obra personal de algún factor determinado; pero imperarán siempre. A idénticos sumandos, idéntico total.

Gómez puede pasar; los andinos pueden perder su influencia perniciosa; pero á Gómez lo sucederá probablemente otro bárbaro, y alguna sección de la República, no menos rudimentaria que los Andes, llegará al Capitolio representada en un soldado. Ese soldado, por patriotismo local ó por interés político propio, se apoyará en sus comprovincianos y entregará lentamente la nación al dominio de otros bárbaros. No fueron mejores los llaneros de Páez, ni los corianos de Falcón que los andinos de Castro.

Este dominio sucesivo de las provincias sobre la nación, si no fuera tan exclusivo, si no asumiera casi el aspecto de conquista y no lo pareciera á veces por sus consecuencias, ejercería un influjo benéfico. Ese dominio aprieta los lazos federales, estrecha los nexos de los Estados con la República, y levanta el patriotismo nacional en cada provincia, con el orgullo de haber dado á la República un Presidente y otros altos funcionarios, y por los beneficios de toda suerte que ello le reporta. Por tanto no es bueno que una sola provincia perpetúe su dominio : necesitamos

*

que provincias como Guayana y Maracaibo den un Presidente á la nación. Todo en el caso, por supuesto, de que no se crea lo más lógico y beneficioso que salgan los Presidentes del centro de la República y, con preferencia, de aquellas ciudades, focos de la civilización del país, donde viven los hombres más eminentes, y que careciendo de todo patriotismo local no poseen más interés que el interés de la patria.

Pero estas son teorías. El hecho seguirá siendo otro.

Como en nuestro país no ha habido jamás elecciones libres, no diremos que el Presidente será electo por las mayorías, sea de donde sea. Diremos que, en tiempos relativamente normales, el Presidente ascensor será el cortesano más sumiso, el que sepa inspirar más afecto al Presidente imperante, que lo impondrá, ó el que por nulo y servil le inspire menos recelos: este fué el caso de Andrade, impuesto en la Vicepresidencia, de que abusó, por el general Crespo, y el caso de Gómez, impuesto por el general Castro. En tiempos anormales el Presidente tampoco será la expresión de la voluntad popular: será el general que sepa imponerse, sea

ERRATA

A partir de la línea 19 de la página X del Prólogo, léase :

caso de Andrade impuesto por el general Crespo ó el caso de Gómez impuesto en la vice-presidencia, de que abusó, por el general Castro. En tiempos anormales el Presidente tampoco será la expresión de la voluntad popular: será el general que sepa imponerse, sea de donde sea, el macho más fuerte de la tribu: Páez en 1826 y 1830; Falcón, por muerte de.....

*de donde sea, el macho más fuerte de la tribu;
Páez en 1826 y 1830; Falcón, por muerte de
aquel admirable Zamora, en 1864; Crespo en
1892; Castro en 1899.*

*El Presidente así arribado al poder no reco-
nocerá otro apoyo que el de la fuerza armada,
base del gobierno, y, despreciando la opinión
pública, le impedirá manifestarse ó la desoirá
cuando se manifieste. Si, en el caso de ser
impuesto, carece de prestigio personal cuando
arriba al gobierno, lo obtendrá bien pronto
apoyándose en el cacique más fuerte de cada
provincia, quien á su turno se apoya en el
cacique más fuerte de cada distrito. De manera
que el compadrazgo más cínico y el caciquismo
más rudimentario imperan en la República,
sea quien sea el que gobierne y llámese como se
llame el Presidente.*

*Las revoluciones no son tampoco expresión
genuina de la opinión pública, sino ruptura, por cualquier motivo, del quilibrio entre
caciques mayores y menores. Una minoría go-
bierna, una minoría legisla, una minoría
tiraniza, una minoría revoluciona. Al pueblo se le engaña miserablemente de varios*

modos : dictando las leyes más avanzadas, que se invocan y jamás se aplican; y hablándole con una mentira política, que ha ido más allá de todas las suposiciones, de ideas y partidos liberales, de soberanía, de democracia y federación cuando en realidad no impera sino el rebenque de un capataz, el centralismo de un autócrata, la camarilla de un dictador. La falacia de eunucos y de esclavos rodea al pretor, interponiéndose entre el mandarín y los gobernados; impide al uno conocer las necesidades y aspiraciones públicas, y derrama sobre los demás por medio de una prensa vendida y documentos públicos la mentira oficial. Como la libertad de prensa, lo mismo que las demás libertades, no existe, nadie contradice á los falsarios y no se escucha en el país sino el monólogo de cada áulico. En medio de tal mutismo de la opinión que no puede expresarse, constreñida al silencio por las persecuciones, se cometen peculados, se encarcela, se veja y se mata en las prisiones, se establecen monopolios á favor de los gobernantes, y hasta se llega al descaro de aceptar, como lo ha hecho Gómez, intromisiones de los yanquis ó de convenir en ceder porciones de la República al extranjero, como ha querido Gómez, por dinero, practicarlo en Guayana con los ingleses. Es más : en los últimos años se ha encarnizado la persecución contra las dos cosas que más importan al hombre : la vida y la propiedad. No sintiéndose feliz la mayoría, víctimas muchos de la barbarocracia, comprendiéndose otros distanciados de la tranquilidad á que aspiran ó expuestos á no poder gozar del fruto de sus esfuerzos, confunden en el mismo sentimiento de repugnancia el gobierno que los persigue y la nación en que sufren. Así, el patriotismo desaparece y emigran del país con sus capitales ó apunta en tales venezolanos la suicida, la absurda esperanza de que un conquistador libre á la tierra de vampiros que la desangran y establezca la calma social.

Tal es el cuadro. Tales son las « conquistas políticas » de que hablan en su jerigonza los periodistas de venalidad y los empleados públicos, desde el primer magistrado hasta el último.

*
* *

¿Debemos renunciar á toda esperanza de salud patria? No. Pero es menester convencerse de que el país necesita regenerarse ó perece por descomposición y en manos de esa conquista extranjera que ya ruge á nuestras puertas.

Lo primero que ha menester es un cambio, tan completo como sea posible, en el personal gubernativo que lo explota hace años y que lo ha conducido á la orilla del sepulcro.

Después necesita Venezuela que se la desbarbarice, multiplicando al infinito las escuelas, acortando sus fabulosas distancias por medio del ferrocarril, llamando á los extranjeros europeos á que nos enseñen lo que saben, enviando nuestros jóvenes á Europa á que aprendan cuanto nuestro pueblo ignora; en una palabra : Venezuela necesita que se le imponga el progreso, entendiendo que el progreso no es sino obra del esfuerzo inteligente.

Por último, necesita Venezuela — punto capital sin el cual lo demás es precario y, en nuestro caso, inútil — resolverse á ser un país de raza blanca. Sí, señor : Venezuela no tiene salvación si no se resuelve cuanto antes á ser

un país de raza caucásica. Esa es la clave de
su porvenir. En sus embrollos étnicos reside,
principalmente, — me atrevo á afirmar exclusivamente, — la causa de sus desórdenes y el
secreto de sus desgracias.

El llegar á ser un país de raza caucásica
antes de un siglo está en su mano ; pero hasta
el día presente, por desgracia, ninguno de los
llamados hombres de Estado, con la sola excepción de Bolívar, ha comprendido que el problema étnico es el gran problema nacional.
Bolívar, por las circunstancias en que se
hallaba y por su muerte prematura nada pudo
hacer en sentido de traer á nuestras venas
mestizas torrentes de sangre europea. Cuanto á
los demás pseudo-estadistas han creído que el
progreso consiste en erigir templos, en tender
puentes, y en satisfacer á otras necesidades
públicas de menor cuantía.

Es menester llevar á toda carrera y á todo
trance inmigración europea : no centenares de
familias, como se practicó más de una vez,
sino miles y miles y miles, ininterrumpida-
mente, haciendo cuantos sacrificios de toda
suerte sea necesario y sin temer las complica-

ciones externas é internas que pudieran sobrevenir. Nada sino valor, patriotismo, inteligencia y perseverancia son necesarios para realizar esta obra de salvación; nada sino que los gobiernos que se sucedan prosigan el impulso iniciador y que la corriente de inmigración artificial, forzosa, no cese cueste lo que nos cueste. Es menester que la aldehuela Caracas se transforme en una gran ciudad : ese foco de luz en el pórtico de la casa debe iluminar todo el contorno.

Estamos á dos pasos de la selva por nuestros negros y por nuestros indios : alejémonos de la selva. La mayoría de nuestro país es mulata, es mestiza, es zamba, con todos los defectos que desde Spencer se reconocen al hibridismo: transfundamos en sus venas la sangre regeneradora. Porque no se trata de acabar por destrucción con indios y los negros del país, que son nuestros hermanos, sino de blanquearlos por constantes cruzamientos. En resumen: se trata de que una población blanca, numerosa, absorba la población de color. Nuestra minoría blanca es gente anémica, palúdica, sifilítica, escrofulosa, roída de enfermedades y de vicios, débil de carácter, sin ambición, sin ideales, sin talento, sin valor, que vegeta en la inercia de los tórridos campos dejándose robar por el comerciante extranjero, ó que bala en las ciudades como rebaño de ovejas bajo el látigo de gobiernos arbitrarios á quienes unas veces ataca, otras veces sostiene y otras veces traiciona.

Es necesario que nos cambiemos á nosotros mismos y que nos multipliquemos, si aspiramos á vivir como nación. De lo contrario : finis patriæ.

Semejantes opiniones no son las más adecuadas para excitar la de Venezuela, y producir una conflagración nacional donde perezcan Gómez y la caterva de gandules que lo dirige y rodea ; no porque esas opiniones tengan viso de pesimistas — que no lo tienen — sino por la mera circunstancia de ser ideas. Las multitudes no son movidas por ideas sino por sentimientos. Es cuando se traducen en pasiones cuando las ideas descienden á la multitud, entran en su corazón y revolucionan una sociedad.

Los ciudadanos influyentes de la política nacional no piensan de la propia suerte que yo, en punto á etiología de nuestros trastornos venezolanos. Creen, algunos de la mejor fe, y con una perseverancia en sus pareceres que no entibia ni descalabra un siglo de fracasos, que basta una revolución para derrocar el gobierno, remontar con nuevas piezas la máquina burocrática, y que la República sea el más libre y feliz de los pueblos, en el mejor de los mundos imaginables. Multitud de oportunistas, aunque tal no piense, suscribe á semejantes pareceres, por estrecha ambición personal y para abrirse camino acogiéndose al reflejo de alguna espada victoriosa. Otros, cegados por la pasión, obtemperan á la política de cortar el nudo gordiano. Para algo, se imaginan, ha de servir el acero de Alejandro.

La rutina de nuestros conciudadanos no quiere iniciar nuevos derroteros. Una y otra vez enfilamos la tortuosa y obscura vereda de las guerras civiles á cuyo término, muchas veces, tras abismos rebosantes de sangre y montañas *de huesos que blanquean, no se alcanza otra meta sino la desesperanza y el vencimiento que afianzan al malo en su maldad y remachan sobre las carnes laceradas de la patria los grillos que anhelamos romper. En la mejor de las suposiciones, en la suposición del triunfo, no vale esa victoria de las guerras civiles los sacrificios morales y materiales que cuesta á la nación. Sin tomar en cuenta la injusticia y arbitrariedad de ese juicio de Dios de las armas á que libran la República en cada guerra civil, advertimos que las revoluciones se emprenden con dos objetivos primordiales, casi siempre incoercibles : el de castigar al tirano ó usurpador y sus secuaces y el de mejorar la suerte de la República. Respecto á lo primero sabemos cómo escapan los tiranos y usurpadores de Venezuela : millonarios, impunes, felices, aléjanse momentáneamente del país á gozar de sus tesoros mal habidos, mientras se presenta el instante de que retornen á representar un papel de primer orden, limpios de toda culpa. El ejemplo de Andueza Palacio es de ayer y está fresco en la memoria de todos. Los secuaces de los déspotas son, naturalmente, los ciuda-*

danos más viles : pronto rodean y adulan al nuevo gobernante y el nuevo gobernante, pronto, los condecora con las mejores posiciones del Estado, al punto de que en Venezuela haber recorrido el escalafón de los honores oficiales y perdurado en las poltronas de la burocracia es una patente de servilismo.

Tal es la sanción.

Cuanto á mejorar la suerte de la República, con el triunfo de la guerra civil — ó como dicen allá, mal dicho : revolución — sabemos que á menudo, para no afirmar siempre, las revoluciones ó guerras internas después de prometer villas y castillas, después de tronchar los vidas más preciosas de la República, por ser las de los más valientes, después de costarnos millones y millones — tanto por pérdidas sufridas como por inicuas reclamaciones extranjeras que se pagan sin chistar, faltos de una marina de guerra imponente cuyos almirantes revisaran las cuentas, — después del descrédito que nos granjean, después de la muerte y la ruina que nos legan se reducen á mero cambio de las principales figuras decorativas, no quedánsole á la nación más herencia sino la de sud lágrimas, más beneficio sino el de sus campos yermos y sus tesoros exhaustos, más ejemplo sino el de una arbitrariedad que se derrumba y de nueva arbitrariedad que se levanta. Los apósitos cambian; pero la incurable úlcera permanece la misma.

No soy ni fuí jamás partidario de las guerras civiles, que burlan la sanción, dejando impunes á los malvados, que desacreditan, que arruinan, y que por último entronizan sobre los escombros de una barbarie otra barbarie. ¿Quiere decir que debemos cruzarnos de brazos ante los desbordamientos del despotismo ó llorar como mujeres la infausta suerte?. No. Quiere decir que debemos abandonar los viejos métodos, que debemos ser de nuestro tiempo, que debemos darnos cuenta de que la dinamita existe. El tiranicidio debe sustituir á la revolución.

Los déspotas burlan la opinión, traicionan la confianza del pueblo, violan las leyes que juraron obedecer, saquean el tesoro, persiguen la altivez, premian la vileza, prostituyen la nación y quedan impunes! Por eso se perpetúa esa prole de malos hijos de la patria, como si el *vientre de Venezuela, estéril para frutos de bien y de virtud, no produjera sino déspotas y esclavos: tigres y culebras.*

Que se concrete, que se personifique el castigo en los culpables. Esa es la equidad. Prender la guerra civil para derrocar á un dictador vale como pegar fuego á un palacio para matar un ratón.

Los hombres que abusaron del poder rindan, si no estrecha cuenta de su conducta, esa vida que no supieron emplear mejor. Los que desafiaron al país, en la ebriedad de la fuerza, sepan que pueden tropezarse un día con el puñal justiciero, con la bala vengadora ó con la bomba de las reivindicaciones populares. Los que no temieron á nadie teman la muerte.

Es el único medio de que cese en Venezuela el desprecio por las leyes y por los hombres que manifiesta sin rubor el primer homúnculo á quien el acaso arroja dentro del Capitolio.

Para curar nuestras dolencias, ya seculares, necesitamos de remedios heroicos. El preconizarlo, enajenándose de antemano, á sabiendas, la opinión de los imbéciles — que son la mayoría — es ya alta virtud de patriotismo y de abnegación que la posteridad reconocerá. El dar cima á la obra de la vindicta es mas prócera y meritoria virtud social. Feliz aquel patriota que sin equivocarse ni temblar, ajeno á todo vil interés, escriba en la historia su nombre con la sangre de un tirano.

R. BLANCO-FOMBONA.

París, 1912.

PRIMERA CARTA

Quién es Gómez

*

París, 8 de Diciembre de 1910.

Señor D. A. PIETRI-DAUDET,
Director de *La Revue Américaine*,
BRUSELAS

Muy distinguido amigo,

Me pregunta usted cómo es Juan Vicente Gómez, qué especie de gobierno es el que tiene organizado y hasta qué punto es sincera la constante protesta de gran número de venezolanos contra ese hombre á quien acusan, no sólo de violar la Constitución, sino de hasta cometer, prevalido de la fuerza, los más innobles delitos.

La especie de gobierno que tiene organizado se lo explicaré más adelante, en otras cartas. Por ahora ensayaré hacerle comprender quién es Juan Vicente Gómez, el caballo de Calígula, la bestia triunfante.

Hombre de 50 á 55 años, es de regular estatura, ancho de espaldas, color terrosa, naríz tirando á roma, pardos ojos pequeñitos y chinescos, pómulos salientes, ojeras en asa, frente corta y huída. Su voz es bronca; sus modales los de la hampa; sus dicharachos de germanía; su conversar, extreñido y enrevesado, la jerigonza de un peón. Un rictus de falsía, característico de aquella fisonomía bestial, permite comprender al observador menos psicólogo la doblez de semejante alma : porque ese rictus no se parece á la sonrisa inteligente que ilumina rostros, ni marca propensión á la carcajada populachera pero franca, sino que es la mueca del disimulo, el esquince de torvo pensamiento que se disfraza de alegría, la maldad que toma aspectos de hombría de bien.

¿Social, intelectualmente?

Baste saber que es de todo punto iletrado. Apenas sabe garrapatear su nombre : su firma de escalinata parece la rúbrica de un ciego. No ha conocido más escuela sino la de palotes. Muchacho, servía de mandadero y criado á pulperos de un villorrio de los Andes. De joven es pastor : anda tras las vacas, sabaneándolas, á la hora del pastoreo, y las ordeña á la aurora, en la majada, antes de conducirlas al potrero vecino. Ya hombre fué matarife; y vendía carne pesada en peso fraudulento por lo cual estuvo en prisión.

Esta industria de matarife, ayudada por el expendio de carne pesada en balanza de furto, la tacañería más absoluta y los nulos deberes sociales de ser socialmente tan nulo, le permitieron atesorar un pequeño tesoro de varios miles de bolívares con los cuales compró un campo en las cercanías de su pueblucho del Táchira. A este campo le puso por nombre *La Mulera*, aconsejado acaso por algún ironista montañés. ¿No iban á vivir Gómez y su familia allí? Viviendo allí las mulas, debía llamarse aquella finca *la Mulera*.

Políticamente ¿qué representó, qué representa Gómez?

De *La Mulera* lo sacó el General Castro en 1892, necesitado de auxiliares, vinieran de

donde vinieran, abandonado como se vió por
todo el mundo, durante su precario gobierno
del Táchira, en la empresa de sostener,
dentro de aquella sección de los Andes, la
odiosa y vacilante autoridad del usurpador
Andueza Palacio. Pronto huyó éste, ante el
espíritu público indignado y la nación en
armas; huyó á París con sus millones, olvidando su propósito proditorio de continuar
inconstitucionalmente en el poder; pero no
huyó sin causar el más hondo é irreparable
perjuicio á la República, pues provocó la
guerra, é inauguró la serie de desastres cruen-
tos, de rapiñas, de dictaduras militares y de
bancarrotas de principios morales y políticos,
rompiendo, como rompió con su atentado, la
tradición de veinte años de paz, de gobiernos
civiles, y de carrera tendida hacia la civilización. Con la fuga del usurpador Andueza, des-
corazonáronse los secuaces suyos en las provincias. El General Castro, en el Táchira,
más que vencido convencido de la este-
rilidad de sus esfuerzos, depuso las armas
y se asiló en Colombia. Gómez, ente insignificante, nulidad anónima, permaneció en

La Mulera. El odio contra el usurpador que iniciaba la guerra, la ruina, y el descrédito nacionales, sin razón, por capricho, por deseo de perpetuarse en la Casa Amarilla, á despecho de la Constitución y sin tener el valor siquiera de dar el frente á la catástrofe que provocara; el odio contra los continuistas, contra los hombres que por una pitanza contribuían á causar el más trascendental perjuicio de que haya sido víctima, hasta la fecha, la Nación, estalló, unánime y violento, en todos los ámbitos de la República. Aquel desbordamiento del previsivo y justiciero corazón popular, no alcanzó á Gómez. La obscuridad de su nombre lo garantizaba. Como algunos insectos que por obra del fenómeno llamado mimetismo se confunden con la corteza del árbol donde vegetan, Gómez, el matarife, el ladronzuelo de los bancos de carne, á pesar de sus manos manchadas de sangre y de sus níkeles mal habidos, se confundía con las demás bestias, en la obscuridad de *La Mulera.* Pasó inadvertido hasta para los comisarios de caserío. Quedó impune. Así se acostumbró á reir de la opinión pública.

Más tarde, cuando Castro saliendo de Colombia atravesó la frontera venezolana, en son de guerra, é invadió el Táchira y se desprendió como un torrente desde las cumbres andinas, acordóse de su amigo de 1892, tocó con la empuñadura de la espada en las puertas de *La Mulera*, hizo ensillar el caballo del matarife, y á pesar de las protestas de Calibán que hablaba en nombre del estómago, lo echó por delante.

— ¿A dónde vamos? preguntó Gómez.

— Vamos á la victoria, repuso Castro.

— ¿Y mis vacas? ¿Y mi cafecito, General?

Castro respondió con una sonrisa un poco cínica :

— La mejor vaca es la República.

Gómez se dió cuenta bien pronto de las palabras del General Castro.

Cuando el jefe de la Restauración entra en Caracas, Gómez, antiguo sabanero, recuerda su oficio de ordeñador, y no piensa sino en ordeñar á la patria. Él no aspira á alturas, que no puede escalar; ni se mezcla en teorías de gobierno, que no comprende; ni se deslumbra con honores oficiales, que nunca mereció ni creyó alcanzar nunca. No piensa más que en los negocios; en enriquecerse á la sombra del gobierno; en exprimir las ubres de la gran vaca lechera y generosa. Ordeñar, ordeñar, ordeñar, ese era su oficio, su ambición, su ideal. Ya nadie vendió leche sino él, ni carbón sino él, ni carne sino él. Los monopolios más repugnantes los ejercerá él, directa ó indirectamente. Lo que paga el juego va á su bolsillo : él remata el impuesto. Lo que produce el aguardiente es suyo : él remata, por una bicoca, el impuesto. Y se retrocede á la colonia con las fórmulas gomeras de remate : las industrias decaen : el fisco se perjudica : la riqueza municipal es herida en sus fuentes...

¡Qué importa! Juan Vicente Gómez necesita dinero; Juan Vicente Gómez quiere dinero. Aquella avaricia es insaciable. Sus sueños, siempre sueños dorados. Las sanguijuelas de Caracas, los vampiros del Exterior, — entre los cuales un famoso Doctor García, antiguo petardista en Cúcuta, — toda una caterva de buscadores de oro formará el séquito de Gómez. Esas aves de rapiña: tagarotes, alfaneques, baharís, del extranjero, —

águilas negras y pardos gavilanes criollos, devorarán cuanto caiga bajo sus garras. Ávidos de riqueza sugerirán á Judas Gobseck los negocios más cínicos, las transacciones más tenebrosas, los bursatilismos más bizcos.

Ya bien sentado en la curul de Presidente el General Castro, elevó á Gómez á las más altas jerarquías oficiales, á pesar de saberlo un adoquín, por afecto en parte, y en parte por necesidad de un instrumento ciego é incondicional. ¿No llegó el florentinismo de Castro, para fines personales de dominación, hasta propagar en sus periódicos y hacer creer al país que Gómez era un General capaz y un hombre valiente? Como táctico maravilla : no ha obtenido sino una gran victoria, la del 13 de diciembre; pero victoria pingüe y decisiva, aunque el enemigo andaba á dos mil leguas de distancia. Su estrategia es original. En la antigüedad no tiene sino un antecesor de su talla : el General Iscariote. Entre los modernos su único rival es Alcantarita. Respecto á su valor nadie lo niega. Los caraqueños sólo, espíritus aprensivos, lo ponen en duda. Es calumnia eso de que viva temblando, creyendo que lo van á matar : viendo puñales en todos los rincones, asesinos en todos los pasantes, sopas de arsénico en todos los platos, bombas de dinamita en el Teatro, en las Carreras, hasta en la mesita de noche y debajo de la cama. Falso que por dos ó tres veces haya provocado escándalos públicos, jurando que han querido asesinarlo : primero por cable; después el coronel Fernando Marqués, que está preso; más tarde tres andinos, que purgan en el castillo de Maracaibo el miedo de Gómez, y por último una señora á quien expulsó. Nada de eso es verdad. Él no tiene miedo. Juan Vicente Gómez es un héroe. Lo asegura el General Castro que nunca dice mentiras.

Y no sólo el General Castro lo declaró héroe y hombre capaz, sino que lo hizo Gobernador de Caracas, Presidente del Táchira, Generalísimo de los Ejércitos, Vice-Presidente de la República. Un día, después de dos años de enfermedad, el General Castro se sintió morir. Su mujer, sus hermanos, sus amigos, sus médicos, todo el mundo le aconsejó que si quería conservar la vida, hiciera un viaje á

Europa y se practicara en Europa una operación quirúrgica. Todos estaban ciegos : nadie le dijo que se quedara.

Castro á la postre, á regaña dientes, accedió. Llamó á Juan Vicente Gómez, á su amigo de 1892, á su compañero de 1899, al hombre á quien había colmado de riquezas, de honores, de *heroísmo*, á su alter-ego á quien elevara de pastor, de sirviente de pulperos hasta la Presidencia de la República, al hermano con quien compartió, durante nueve años de gobierno, beneficios, honores y responsabilidades.

— En sus manos dejó el país, le dijo : me voy á curar. Nada tengo que recomendarle : ni mis intereses, ni mis amigos, ni mi familia, ni la Restauración, ni la República. Usted es otro yo. Me voy tranquilo. Adiós.

Gómez se echó á llorar y le besó las manos.

Y al despedirse públicamente, Castro, en una hojita suelta decía á sus partidarios :

« Me ausento por corto tiempo. Obedeced al General Gómez como si fuera yo mismo. »

Pero no bien volvió la espalda el General

Cipriano Castro, una carcajada anunciaba, en los salones de la Casa Amarilla, á Gómez Iscariote.

Es una historia fresca y muy conocida. No vale la pena repetirla.

¿Y qué aducía el traidor? ¡ Que Castro era un tirano !

¿Era ahora cuando venía á verlo? ¿Por qué no rompió con el tirano para conservar autoridad moral incólume?

¡ Que Castro cometió desafueros !

¿Quién fué su cómplice, su aliado, su sostén, su perro falderillo unas veces y su perro de presa siempre? ¿Quién se dejó disfrazar de héroe para defender la opresión?

¡ Que Castro malversó el tesoro público ! ¿Quién fué su principal socio, el sugeridor de peculados, el contrabandista del Orinoco, el maestro de chanchullos, el primer exactor?

¿Qué acusación puede lanzarse á Castro que no rebote sobre la frente inicua de Juan Vicente Gómez?

Hay sólo dos venezolanos que no tienen derecho á alzar la voz contra Cipriano Castro, porque le deben todo, porque lo aplaudieron todo, porque le juraron amor como á hermano y como á padre, porque le besaron las úlceras, devotos y prosternados, con unción casi religiosa, de día, de noche, un año y otro año y otro... siempre.

Estos hombres se querellaron entre sí por las sonrisas del ogro; se amenazaron de puño; se insultaron de prensa; se enviaron, en la cerrazón del odio, mutuos asesinos (1).

Esos hombres se llaman Juan Vicente Gómez y Francisco Linares, á quien dicen Alcantarita. Son los mismos á quienes el pueblo de Caracas vió abrazados, en los balcones de la Casa Amarilla, el 13 de diciembre de 1908, cuando caía Castro del poder, apuñaleado por ellos.

Y son esos adoradores de ayer, que toda-

---

(1) El asesino á quien Gómez mandó para que matase á Alcántara es el indio Marcial Padrón. Éste se presentó en La Victoria, fingiendo haber roto con Gómez y solicitando la protección de Alcántara para permanecer al lado suyo en La Victoria. Alcántara, que no se chupa el dedo, fingió brindarle protección y lo tenía á una vista. Cuando Alcantarita, nombrado Presidente del Estado Bolívar, partió para Guayana, quiso llevarse á Padrón; pero éste, que sabía lo que le aguardaba en las soledades del Orinoco, á merced de Alcantarita, lejos de su protector, no fué, sino que regresó á Maracay, al lado de Gómez. Hoy es Marcial Padrón alcaide de la cárcel de Caracas. Gómez, el buen Gómez, pone á sus adversarios políticos en manos de aquel bandido.

vía tienen el polvo en la frente y en las rodillas los que acusan al Ídolo, al día siguiente de la traición, en los periódicos, en los tribunales, en los Congresos. Son estos hombres que tildan á Castro de peculado los que ayer desvalijaron el país y continúan hoy desvalijándolo. Son estos hombres que hoy persiguen á Castro en sus intereses los que ayer, de favoritos, se amillonaron á su sombra. Son estos hombres que hoy proscriben á Castro de Venezuela, hasta en las mujeres y niños de su familia, los que ayer no tuvieron bastante boca para ensalzar en cánticos de loa y lamer con lengua de lisonja no ya á los niños, no ya á las hermanas, sino á las queridas y á los criados del dictador. Ellos cortejaban, caramelosos, á la favorita del día y á la probable favorita. El que quitaba los zapatos á Castro, el que le servía de beber, quien ensillaba el caballito bayo, el edecán, el barbero, cuantos ejercían funciones de intimidad cerca del Presidente estaban seguros de tener por lo menos dos cortesanos : Alcantarita y Juan Vicente Judas.

Esos que pinto son los actuales gober-

nantes de Venezuela. Aparejo al uno con
el otro porque ambos merecen pasar á la historia abrazados con el abrazo de la común
traición, como el 13 de diciembre de 1908. Y
además porque Alcantarita, junto con un tal
Pacheco, hombre oscuro y rudimentario,
dirige al triste Juan Vicente.

Magistrado á quien dirigen Alcantarita,
ineptitud risueña, y ese Pacheco que no tiene
más credenciales para figurar en política sino
las credenciales de la bragueta, casado como
está con una hermana de Gómez, ¡ figúrese
usted, señor Director de *La Revue*, qué Magistrado será !

En manos de esos Richelieu sin prepara-
ción, sin ciencia, sin escrúpulos, figúrese usted
cómo irá el pobre Juan Vicente con su cabeza
de pedernal, de disparate en disparate, de
robo en robo y de desmán en desmán ! Castro,
que lo conoce mucho, asegura en documento
reciente que Gómez es irresponsable.

Romero García llamó á Castro, Calígula,
por haber elevado al solio á Juan Vicente.
Por donde se mira que Gómez no es para
Romero sino un caballo. Sólo que tal caballo

necesita mejores guías que esos vulgares cocheros de fiacre; porque el rocín, conducido por la estupidez de Pacheco y la mala intención de Alcantarita se introduce en el Palacio Federal y pisotea la Constitución; en la Tesorería y devora las monedas de oro como si fueran vil maíz; en el sagrado de los hogares y cocea la virtud, el talento, la inocencia.

Ya usted, señor Director, conoce á grandes brochazos el caballo de Calígula. En mi próxima carta verá usted, al cuartago, bajo el látigo de Alcantarita y de Pacheco, tirando del coche en donde va, medio muerta, la República (1).

(1) Los datos biográficos de esta carta son los que pasaron siempre por verídicos. Ahora, después que Gomecillo de Pasamonte escaló la Presidencia, lisonjeros biógrafos oficiales ocultan, naturalmente, ciertos detalles y hasta desfiguran otros.

SEGUNDA CARTA

La Política financiera de Gómez

❧

París, 18 Enero de 1911.

Señor D. A. PIETRI-DAUDET,
Director de *La Revue Américaine*,
BRUSELAS

Muy distinguido amigo,

Dada la sed de oro que abrasa á Gómez, el antiguo jifero, hoy presidente de los Estados Unidos de Venezuela, es fácil suponer que toda su política gire en torno del Tesoro Nacional. Así es en efecto.

Limitara su avaricia aquel vampiro á chupar la sangre del pobre contribuyente convertida en monedas, y no haría sino continuar la obra del banditismo organizado en gobierno, tal como prevalece entre nosotros, de

luengos años á esta parte. Pero hay más. Gómez,
á pesar de su cerebro de topo, ha descubierto
algo; ha descubierto un modo, hasta hoy
desconocido, de defraudar á la Nación. El
nuevo procedimiento consiste en vender los
derechos de la República por dinero contante
y sonante.

Este es el caso de la Bermúdez Company y
del Cable francés.

Veamos, en dos líneas, el caso de la Bermúdez.

Por incumplimiento del contrato, por irre-
gularidades substanciales, y con absoluto
derecho de la Nación, los tribunales venezolanos declararon disuelto el contrato Hamil-
ton, en virtud del cual, como cesionaria, se
constituyó la Bermúdez Company. Fué condenada, además, dicha compañía, á pagar á
la República 5.000.000 de pesos ó sea
25.000.000 de bolívares, por haber auxiliado
con dinero una revuelta á mano armada contra las instituciones de Venezuela. La Nación
había triunfado contra el bandolerismo yanqui de la Compañía, encubridora, quizás, de
trastiendas imperialistas. ¡ Wáshington pro-

testó ! No se hizo caso. Gruñó, pateó, insultó por medio de su prensa, denigró por medio de sus cables, calumnió á la Nación dentro y fuera de los Estados Unidos. Se le repuso con decoro. La prensa respondió á la prensa; y una obra publicada en tres idiomas hizo ver al mundo cómo nos asistía el derecho, y cómo la agresión, primero, la injuria luego, y la infamia siempre, estuvieron de parte del yanqui. Wáshington capituló. Se contentó con declarar que el gobierno de Venezuela era inabordable, y que no se podía tratar con él. La Bermúdez quedó sin el contrato, multada en 25.000.000 de bolívares, y la Nación administrando los inmensos yacimientos de asfalto que constituían la principal riqueza de la Bermúdez Company.

¿Qué ha hecho Gómez?

Apenas arribado al poder entra en negociaciones con la Compañía, ya extinta; la reconstituye de nuevo; pone en sus manos las riquezas de Oriente; desconoce la acción justiciera de nuestros Tribunales, y nos crea para lo porvenir uno de los mayores conflictos diplomáticos.

Todo, ¿por qué? Todo porque la Bermúdez Company compró á Juan Vicente Gómez por varios miles de dólares.

Con la Compañía del Cable francés ocurrió algo semejante.

Juan Vicente Gómez encontró en clausura las oficinas y condenada la Compañía á satisfacer á la Nación suma enorme de bolívares conque en justicia, y por daños y perjuicios, debía resarcirla.

¿Qué hizo Gómez?

Por viles monedas que recibió en sus manos, de manos del francés Giraud, representante del Cable, vendió Juan Vicente Gómez los derechos de la Nación, convino en abrir las oficinas, en desconocer la acción de nuestros Tribunales, y en aceptar una tarifa absurda y leonina que inhabilita para la mayoría el uso del cable, por donde queda la República, mientras dure el contrato, sin conexión calográfica, por decirlo así, con Europa, aislada, fuera de la civilización. Según el contrato, además, no puede la República establecer telegrafía inalámbrica.

Pero aún tiene más bemoles y más quejosa

trascendencia, en este caso, la avaricia del tártaro Juan Vicente.

El Gobierno de Francia, cuyas relaciones con Venezuela estaban rotas, y á cuyas manos fué á parar el asunto del Cable francés, conocía la justicia de Venezuela y cómo eran de Francia la sinrazón y la debilidad en este punto. ¿Qué mejor oportunidad para el arreglo de nuestras diferencias? Con tal *atout* en nuestras manos, hubieran cedido todas las pretensiones de Francia, á trueque de ceder Venezuela en alguna de sus reinvindicaciones. El acuerdo era seguro.

¿Y cuál es la política del Beduíno? Desgloba de los asuntos con Francia el negocio del Cable; pacta, ó mejor, capitula con la compañía; desliga las manos de Francia; y cuando quiere empatar relaciones diplomáticas con ésta nación se espanta de las pretensiones de París y se declara en derrota.

Diferir un asunto no es resolverlo. El punto negro de nuestras relaciones con Francia se extiende ya hasta Holanda que seguirá en sus diferencias con Venezuela, según ya lo manifestó, las huellas de Francia.

He aquí, pues, rotas indefinidamente nuestras relaciones con dos pueblos de Europa, merced á la impericia diplomática de González Guinán, Ministro de Gómez, y á la sórdida avaricia de este cartaginés. Para las contingencias del futuro, ahí están prestos esos dos adversarios nuestros, á colaborar con probables enemigos. El año de 1902 se repetirá.

Es menester fijarse, con preferencia, en cierto género de chanchullos gomeros que no se concretan al latrocinio de bolívares más ó menos, sino que apiñan nubes en el porvenir de la patria.

En este caso está el negocio de los muelles de Puerto Sucre.

No bien se decretaron los muelles de Puerto Sucre, apenas se clavaron unas estacas, empezó á cobrar el insaciable joven Iturbe, pupilo de Gómez, derechos de muelle por un muelle imaginario. « Derecho de estacas más bien », decía el pueblo, en su infortunio y en su impotencia, riéndose de sus estafadores.

La compañía, compuesta de cortesanos, percibía pingües beneficios, réditos de un

capital y de una empresa inexistentes. Los
gastos, en verdad, no la arruinaban. Pero
siquiera los gananciosos eran venezolanos.
Lo que se sustraía á los unos se entregaba á
los otros. El oro quedaba en el país. Mas he
aquí que Gómez tiembla por hipotéticos
porcentajes. Cuando él no sea Presidente,
el futuro mandarín deshará la compañía,
se incautará de las acciones y lo despojará,
según el patrón de despojo que Juan Vicente ha creado para adueñarse de la riqueza de Castro: vapores del Orinoco, vapores de Maracaibo, ferrocarril del Táchira, papel
de cigarrillos, etc.

¿Y qué se le ocurre al patriota Juan Vicente,
y á los dos ó tres sabandijas que lo manejan?
Nada. Una bicoca. Vender gran número de
acciones á los yanquis y poner la compañía
bajo el ojo y el puño de Wáshington. Hoy
la bandera de los yanquis ondea sobre los
muelles de Carúpano.

¡Y ese es el Presidente de la República! ¡Y
no hay un tacón para esa víbora! ¡Y no hay
un puñal para ese monstruo!

Otra fechoría imaginada, pavorosa para el

porvenir de nuestra patria, es la creación del papel moneda. Venezuela está orgullosa de haber conservado, á pesar de todas sus visicitudes, el patrón de oro. Á eso debe el que su crédito florezca de las cenizas, que tan rápidamente se reponga de sus caídas, y que ciertos conflictos económicos le sean desconocidos, ya que los actuales problemas financieros serían remediados por un esfuerzo de buena voluntad, en cortos años de calma.

Juan Vicente Gómez es de otra opinión; y como detenta el poder y lo ejerce á lo Luis XIV, ó con más propiedad, á lo Atila, son de tomarse muy en cuenta las opiniones del Huno, por las consecuencias que acarrean á la República. La opinión de Juan Vicente es que debe fundarse un banco « extranjero », que emita mucha mayor cantidad de papel que dinero tenga enterado en caja; y ese papel, de carácter nacional, sea de circulación obligatoria. Luego, á cada tropiezo ó necesidad, se emita nuevo papel, á discreción de la junta bancaria, sin el requisito engorroso de enterar al propio tiempo una cantidad en oro equivalente al papel emitido. Además,

¿á qué ponerle trabas ni cortapisas á un movimiento tan poco complicado como el de mover una prensa que eche de sí billetes de mil francos?

Esta opinión de Juan Vicente se infiere del ominoso contrato que acaba de celebrar su gobierno, para establecer un Banco pseudo-agrícola, que no establecerá, ya que entre nosotros se ha repetido mucho, y acaso se cumpla, cómo se impone matar al tirano que intente la ruina de la Nación, por medio del papel moneda.

Por de contado ese Banco pseudo-agrícola se constituiría con capital extranjero, no para bien del país, no para explotar con dinero foráneo empresas que no existen, sino á objeto de perjudicar institutos similares criollos, según la nueva, patriótica y previsora política que tienden á implantar en Venezuela el caballo de Calígula y su camarilla directora. El contrató en cuestión es un tiro contra el Banco de Venezuela, á cuya ruina apunta. El Banco de Venezuela, formado con capitales del país, es uno de los institutos de crédito más respetables de la República. Su principal cliente es el gobierno, á quien siempre ha servido á satisfacción. Si el gobierno encuentra corto el crédito que el Banco le otorga y largo el porcentaje de servicios, no tiene sino llamarlo á composición. Que se pongan de acuerdo. ¿Por qué no iba á satisfacer el Banco, de poderlo, á su mejor cliente? Pero no. Lo que se quiere es la ruina de un instituto nacional : hacer como ya se hizo con los tranvías de Caracas, que tanto producen, y eran una empresa venezolana antigua y seria : ārrebatársela á nacionales para ponerla en manos extranjeras, y que de tal suerte se agrave sin compensación esta vez, la hemorragia de oro que sale anualmente del país. Lo que se persigue con el proyecto de Banco pseudo-agrícola es una trapisonda inconcebible que traerá la ruina sobre Venezuela, y por ende sobre aquellos mismos que, hombres ricos, se dejan engatusar por teóricos estrafalarios y por aventureros sin blanca.

Gómez, sus acólitos, sus lazarillos, toda su corte de antiguos proxenetas de Castro, no reconocen ni admiten óbice en el propósito de atesorar, á toda carrera, en la incertidumbre del mañana, extrañados de su permanencia en el Capitolio, y temiendo á cada día amanecer con el nudo corredizo de la justicia popular al cuello. Por eso tal gobierno, surgido no del sufragio popular sino de vil traición, carece de programa, carece de ideales, carece de partidarios, carece de crédito, carece de todo; y se ha convertido en campamento de gitanos, en aduar de las Kábilas del Riff, en correría de bandoleros del Yemen, las manos depredadoras, la espingarda en puntería, el caballo con jaez, prontos á desvalijar, prontos á sacrificar, prontos á correr. Por eso la virtud es un crimen, el silencio tesoro de eunucos, el aplauso negocio de serviles; y la voz del patriotismo se apaga en las mazmorras, y la pluma se quiebra en las manos de la altivez, y la hombría de bien que no muere en las prisiones agoniza en el destierro. Por eso gime en el Castillo de Puerto Cabello Zoilo Vidal; por eso Pancho Vázquez huye por las montañas de Oriente; por eso se persigue y encarcela á Celestino Peraza; por eso mueren los diarios de Arévalo González y Flores Cabrera y los diaristas van á dar en la cárcel; por eso el General Hernández no puede vivir en Venezuela; por eso fuí yo sumido, durante un año, en prisiones, y sacado de la cárcel, entre esbirros, para la expatriación.

Gómez no ha tenido empacho alguno en continuar por su cuenta, asesorado de Alcantarita y otros áulicos, el monopolio de navegación en el Orinoco, aquel mismo odioso monopolio que tanto y con tanta justicia se reprochara á Castro, porque es rémora de progreso á la más rica porción de la República. Gómez no ha titubeado en patrocinar el monopolio de fósforos. Gómez ha contratado, con judíos de la peor ralea, el establecimiento en Caracas de un nuevo Monte-Carlo; y les propone vender, como finca propia, el Edificio Público de la Academia militar. Gómez propulsa la ruina ó el despojo de la Compañía caraqueña de luz eléctrica. Gómez acecha el ferrocarril de Valencia á Puerto Cabello. Gómez remata para sí, por medio de terceros, sus secuaces, á quienes da una pitanza, la renta de aguardiente en gran número de provincias venezolanas; y las salinas de la República, que producen tantos millones, fueron á manos de famosa sociedad de alómanos fraudadores en que él y Alcantarita son los principales accionistas.

Los vestuarios de la tropa son negocio de Gómez. El abasto de hospitales y cuarteles es negocio de Gómez. La venta de reses en Caracas es negocio de Gómez. Y son negocios de Gómez la ceba de ganado; la exportación de carnes en conserva; la navegación lacustre de Maracaibo; el faro de Puerto Cabello; los muelles de Puerto Sucre; la fábrica nacional de cigarrillos, en mucha parte; los remates de juego; la venta, con una comisión de 9 % de estampillas y papel sellado; las loterías; los impuestos municipales, y sobre todo, las Aduanas de la República.

No es posible no olvidar. ¡ El catálogo es tan extenso ! Pero todo eso es nada. Se ha llegado á extremos de latrocinio, de que no existen ejemplos en la historia de ningún pueblo semiculto. ¿No está metiendo contrabandos en el Orinoco un cónsul en Alemania de acuerdo, como él confiesa, con Juan Vicente Gómez? ¿No se está persiguiendo á la compañía caraqueña de luz eléctrica, para ponerle mano á la Empresa? No tuvo que fugarse del país, disfrazado, el señor Tello Mendoza, constreñido como se vió por Gómez á venderle propiedades agrícolas y pecuarias por precios irrisorios? (1) Aquel hombre de las cavernas, aquel asno lúgubre y omnipotente, el improvisado Pacheco, Gobernador de Caracas, cuñado y director de Gómez, no imaginó el robarse, como ya se robó, los faroles y barandas magníficos del Parque de Carabobo? No se robó los pájaros de la pajarera pública del paseo Independencia? ¿No violentó un Banco, valiéndose de la policía para adjudicarse un dépósito de 50.000 pesos que pertenecía á Castro?

La pluma no puede más. Existen abismos

(1) No es la primera fechoría de este orden que realiza Juan Vicente Gómez. Tiempo atrás, preso en « La Rotunda », en Caracas, el venerable don Eleazar Urdaneta, hijo de aquel Rafael Urdaneta, Prócer de la Independencia, General y Presidente de la antigua Colombia, tan heroico, tan leal con el ínclito Libertador y uno de los padres de la patria, vió entrar en su calabozo á un hombre á quien no conocía. Pronto supo don Eleazar que el visitante se llamaba Juan Vicente Gómez; y el objeto de la visita el que don Eleazar recuperara la libertad con vender á Gómez por un precio insignificante, como tuvo que venderle, su única propiedad, su única hacienda, el patrimonio de sus hijos. Hoy el descendiente del Prócer, lleno de familia y de años, agoniza en la miseria.

de ruindad á donde es imposible descender. Es menos deshonroso para un gobierno el ametrallar al pueblo, como en Rusia, bajo el Czar, que robarse faroles y barandales públicos, como en Venezuela, bajo Gómez.

De más proseguir. Nada añadiría un ápice de infamia al caballo de Calígula, ni al coro de rapaces que lo circunda. ¿Y qué vergüenza inédita ruborizaría á Venezuela que soporta la arrogancia de esos hampones, la zambra de esos gitanos, el hurto de esos cuatreros? ¡ Sacude oh, patria, esa polilla; arranca del Capitolio ese racimo de horca; corta esas manos de saqueo; disuelve ese conciliábulo de microcéfalos! ¡ Pobre patria que yaces, la cara en el polvo, desnuda, la crencha esparcida, y sobre el cuello la pata montaraz de la bestia que te mancilla, es tiempo de que te yergas y de que laves tu afrenta en la impura sangre del monstruo!

¡ Mírate cómo eres, y acuérdate de lo que fuiste!

Si no considerara, Señor Director de *La Revue*, el deber patriótico en que todos estamos de echar á puntapiés al traidor, de chas-

quear la fusta sobre el caballo de Calígula
para que vuelva á su pesebre, sentimientos
melancólicos invadirían el ánimo á la vista
de las desgracias que aquejan á Venezuela,
precisamente en los días centenarios de América, cuando el coro de sus hermanas se yergue
lozano y prepotente, la corona de espigas del
trabajo en las sienes, el cántico de felicidad
en los labios, dorada la frente por un rayo de
porvenir, con la conciencia de su fuerza en el
día y la confianza del mañana.

Pero no. No demos resquicio á la quejumbre, ni voz á la melancolía. ¡ Fuera los sentimientos enervantes ! Mientras la patria sufra
no hilemos en la rueca de Onfalia, ni entone-
mos las canciones de Anacreonte, ni filosofe-
mos de pesimistas con esa filosofía de los
vencidos, bandera de la inutilidad, sino corra-
mos á defenderla, arma al brazo, contra sus
carniceros opresores, el banzai de los japo-
neses en el corazón y en los labios.

Y que el orgullo consista en ser el primero
en el castigo y el más extremado en la venganza. .

TERCERA CARTA

La Política inquisitorial de Gómez

*

París, 10 de Marzo de 1911.

SEÑOR D. A. PIETRI-DAUDET,
DIRECTOR DE *La Revue Américaine*,
BRUSELAS

Muy distinguido amigo,

Usted sabe muy bien, como todo el mundo en Venezuela, que Juan Vicente Gómez es un asno, incapaz de coordinar, no digo ya dos ideas, pero ni siquiera, con cierta fluidez, dos frases lúcidas, fuera del corto número de palabras que aprenden hasta los loros y de las frases hechas que vienen á ser, más que invención ú ejercicio de la inteligencia, ejer-

cicio de la memoria. Usted recordará que
á este respecto corren en Caracas especies
cáusticas. Los discursos de Gómez se conocen
con el título de « las Siete Palabras ». Sus discursos completos, en realidad, durante los momentos más solemnes de su vida, se reducen
á Siete Palabras. Las primeras las pronunció
desde los balcones de la Casa Amarilla, el
19 de diciembre, cuando representó la come-
dia cuyo desenlace fué la traición. Al amanecer de ese día hizo cercar de tropa la Casa
Amarilla; llamó luego á los Ministros leales
á Castro, y al muy decoroso caballero don
Pedro María Cárdenas, Gobernador de Caracas, los insultó cobardemente y los mandó
presos. Estaba salvando la República. El
pueblo arremolinándose en torno de la Casa
Presidencial, empezó á clamar, ignorante de lo
ocurrido, pero moviéndose al gran viento
revolucionario que empezó á soplar desde el
13 de diciembre de 1908. Entonces Gómez
apareció en los balcones, pálido de miedo, y
pronunció estas palabras de oro : « El pueblo
está tranquilo. »

Ese fué su primer discurso.

El segundo y no menos elocuente lo pronunció en un banquete. Ya consumada la traición, ignorante él de los rumbos que iba á seguir é ignorando los demás el rumbo que seguiría, trataron conservadores y liberales de hacerlo instrumento propio, movidos por la vana ilusión de interesar por ideales políticos á aquel microcéfalo. En un banquete á que asistían personalidades de ambos partidos lo apremiaban unos y otros, con todos los subterfugios y mañas de la política á que se decidiese, éstos en favor de los liberales, aquéllos en pro de los conservadores. Gómez callaba ó hablaba de sus vacas. Por fin se paró, después de una larga preñez mental, y dijo : « Unión-patria ». Todo el mundo rompió á reir; y por un momento godos y liberales fraternizaron en el desprecio hacia aquel peón, incapaz de comprenderlos ni á los unos ni á los otros, á quien se tenía que tolerar de Presidente por circunstancias especialísimas de la política y en pago del triste papel de Iscariote que había aceptado representar.

Al día siguiente los periódicos serviles celebraban el corazón y la inteligencia del grande hombre que brindara, decían, « por la patria y por la unión ».

Pero el pueblo, que no está comprado, se fijó en la elocuencia de las siete palabras.

Recuerdo otra frase inmortal de Juan Vicente Judas. Fué en el Teatro Municipal de Caracas. En un entreacto, paseándome por el *foyer*, cierta noche en que representaban *Madame Sans-Gêne*, encontré, rodeado de su corte, á Juan Vicente. Me acerqué á saludarlo.

— ¿Cómo está usted, General?, le pregunté.

Y él, dando un formidable golpe con la contera del bastón en las tablas, me respondió :

— Aquí, *jerre-que-jerre*.

Me hizo tanta impresión aquella frase, tan hermética para mí, que no la olvidé. Jamás he logrado saber qué quiso decirme.

De este corto repertorio elocutivo se infiere la mentalidad de Gómez; se comprende por qué lo llaman el caballo de Calígula; y se advierte que su palabra, más que al sugerente relincho equino, se parece á la incoherencia del rebuzno asnal.

Y de la incapacidad mental del Tártaro, y de la circunstancia de que el último que habla con él le hace mudar de opinión, deducen muchos que es irresponsable, por cuanto no representa sino la bestia coronada, el idiotismo en el Capitolio.

Esto no es verdad sino á medias, porque Juan Vicente Gómez no es el cretino que se babea y obedece cuanto le ordenan sino el pícaro que simula sumisión para acometer á mansalva.

Además, su inconsecuencia no ha ido hasta la traición con los más desaforados de sus cómplices. Él ha hecho su selección de pillos con entero conocimiento de causa. El obscuro Pacheco lo maneja, es verdad; pero nadie suplanta á esa grotesca nulidad en la dirección de la conciencia gomera que tiene tantas similitudes con la conciencia del mismo Pacheco. En vano González Guinán emplea su untuosidad de guzmancista y su literatura con vaselina. En vano trata de echarle la zancadilla á Pacheco. Todo en vano : Pacheco impera. ¿Cómo va á derrocarlo González Guinán que no es un malhechor ni un jumento?

Con Alcantarita sucede otro tanto. Gómez
lo sostiene á todo trance, contra viento y
marea. En vano la vetusta Regina se queja de
« las averías » de Alcantarita, víctima, á su
turno, de la avariosis de sus miñones. En vano.
Gómez sostiene al verdugo de Nicolás Palma,
al cobardón y grasiento ladronzuelo que tiene
alma, formas y vicios de mujer.

¿Cómo no va á ser Gómez responsable de lo
que ocurra en la República si él pide cuenta
diaria de todo, aunque no sea sino para imitar
al General Castro ! Él sabía, por correspondencia del General Gumersindo Méndez, Presidente del Zulia, las atrocidades gomeras que
se estaban cometiendo en el Castillo de Maracaibo : sabía que su hermano ó primo hermano Eustoquio Gómez, asesino del Gobernador Mata Illas y á quien él, Juan Vicente,
hizo absolver por los Tribunales y nombró
jefe del Castillo en donde sume á los presos
políticos la política inquisitorial que está
imperando, trataba por igual á los presos y
á las tropas sisándoles la comida para enriquecerse con la sisa, hasta que la tropa exas-
perada y hambrienta se sublevó, soltó á los

presos políticos y á los criminales, y hubiera hecho un escarmiento en Eustoquio Gómez si Eustoquio Gómez no sale huyendo, disfrazado de mujer.

Todo lo sabía Juan Vicente Gómez, diariamente, por telégrafo, y con más detalles, de semana en semana, por correo. Las enérgicas protestas de los Maracaiberos y del honrado General Méndez eran constantes. Todo lo sabía Juan Vicente Gómez y nada hizo por remediar aquella tortura de tantos seres, enemigos los unos y sostenedores los otros de su Gobierno. ¿No será culpable este hombre sin corazón, por estúpido que se le suponga?

¿A quién tiene Juan Vicente Gómez de Alcaide en la Rotunda, ó sea Cárcel de Caracas? A Marcial Padrón, un indio bestial, un asesino de los montañas de Trujillo, un desalmado cuya primera heroicidad, muy joven, fué apuñalear á una vieja que lo descubrió por ladrón de una custodia en la iglesia de su pueblucho andino. ¿No sabe Gómez, de memoria, quién es Marcial Padrón? ¿No se ha valido él mismo de los servicios venales de

este criminal de alquiler, de este Sparafucil
de los Andes?

¿Será Gómez ajeno á los crímenes, veja-
ciones y atropellos de este torcionario, ó lo
tendrá allí, conociéndolo, por un refina-
miento de crueldad para con los presos?
¿Cómo descargar á Gómez de culpa? ¿Qué alta
mentalidad se necesita para comprender que
poniendo á hombres honrados, en la obscuridad de una mazmorra, á merced de un
cobarde asesino, que goza en el dolor ajeno,
de un indio bestial que mira por enemigos á
cuantos saben leer y escribir, de un esbirro
cuya hoja de servicios es una mancha de
sangre, de un delator, que vive de sembrar
sospechas, aquellos hombres honrados, víctimas del malandrín, pagarán opiniones políticas con atroces martirios y vivirán en la
zozobra, esperando con cada aurora una infamia nueva y una nueva mortificación? Sí :
Juan Vicente Gómez, jesuíta instintivo, hipócrita sin parangón, é incapaz de un rasgo de
orgullo, niega participación en los crímenes
de sus subalternos; pero sostiene á los tales
en posiciones donde pueden causar mal. Por

donde Gómez, por bestia que lo supongamos
— y yo sé que es un camello, — no sólo
tolera sino alienta los desafueros que finge
ignorar y que en su corazón judásico celebra.

Gómez sabe que Pacheco y Padrón tortu-
ran á los presos en la Rotunda de Caracas; y
que los gritos de estos infelices martirizados,
se dilatan al través de la noche, por las calle-
jas vecinas del Antro. Gómez sabe que á tres
presos políticos — acusados de un supuesto
atentado contra la vida del usurpador —los
tenía Padrón con dos pares de grillos á cada
uno, incomunicados, sin darles por alimento sino una taza de « guarapo » y una
rebanada de pan cada veinticuatro horas.
Gómez sabe que Saturio González, por el
crimen de llamar al gobierno, « gobierno de
rateros » estuvo muriéndose en la Rotunda
por espacio de ocho meses sin conseguir que
le permitiesen entrar un médico. Gómez sabe
que á mí se me tuvo preso un año — mucha
parte del tiempo en una celda de dos metros
cuadrados, — sin ver cielo, sin ver sol, ni
ver rostro humano, ni desplegar los labios,
ni bañarme, ni hacer ejercicio, comiendo con

los dedos como un animal, porque no se me permitía cubierto, alejado no sólo de la actividad humana sino aun del comercio social con los demás presos, muriéndome de tristeza y de enfermedad sin que se me permitiese ni una papeleta de sulfonal ni una inyección de morfina contra el constante insomnio, y con un par de grillos. Gómez sabe que no contentos con esto el Gobernador y el Alcaide azuzaban á los ladrones y asesinos del Presidio y aun á los soldados, para que me injuriasen y exasperasen; y cuando llegó el día en que uno de aquellos criminales cayera en mis manos, y yo lo castigara como pude, Gómez sabe que se me siguió un juicio con objeto de mantenerme indefinidamente en prisión. Gómez sabe que al Señor S. Bello lo metió él en la cárcel para robarle las minas de Seboruco, y que se le mortificó hasta que firmó el documento que el Tártaro quería.

¿No supo Gómez que á los presos del Castillo de Maracaibo los estaba matando á ayuno Eustoquio Gómez, aquel hermano ó primo del Traidor, el mismo que de preso criminal pasó á custodio de presos y jefe de

Fortaleza, hasta que la tropa, sublevándose, por la tortura del hambre á que la sometía el bribón hizo huir á Gómez disfrazado de mujer?

No supo Gómez que el verdugo y cobarde andino García, segundo jefe de Policía, en la desventurada Caracas, bañó en agua glacial, de noche, y flageló después á la luz del sol, á un jovencito de Caracas, muy apreciable, hijo del Señor Alejandro Ibarra, Consejero de Gobierno? (1)

No supo, no sabe Gómez todos los atentados inquisitoriales de su gobierno, desde los que ocurren en Maracaibo, en el fondo de las prisiones del Castillo, hasta los que la fantasía sangrienta de un hombre de las cavernas practica en La Rotunda?

Por último, ¿no fué con beneplácito y complicidad de Gómez Iscariote que sus andinos asesinaron en la dantesca fortaleza de Maracaibo al doctor Leopoldo S. Maldonado, preso político?

(1) El Consejero, por su parte, muy conocido por su incondicionalismo con todos los gobiernos no renunció el cargo público que ejerce, á pesar de la complicidad manifiesta del Tártaro, á quien Ibarra sirve con el polizonte que martiriza y deshonra al joven Ibarra.

La idiotez tiene un límite. Gómez por imbécil que sea no ignora lo que significa el dolor humano. Si lo tolera, si se asesora de bandidos, si paga verdugos, es porque goza en el mal, fingiendo, eso sí, como buen Tartufo, sentimientos de humanidad, y lavándose las manos como Pilatos.

Usted comprenderá, señor Director de *La Revue* cuánto es absurda la creencia, y por absurda deshechable, de que Gómez, debido á su flaqueza de carácter y sobre todo á su estulticia, sea víctima de los facinerosos que lo dirigen é irresponsable de los desafueros que se han cometido hasta ahora y que de diario se siguen cometiendo. Todos sabemos que Gómez es un topo; pero también sabemos que es un malvado; y sobre malvado y torpe sabemos que es un felón. Tartufo es el nombre de este Iscariote.

Que no engañe más el pícaro, fingiéndose de continuo engañado. Que tenga el valor de sus crímenes. Y sepa que un día, no lejano, se verá la cara con nosotros, sus víctimas.

CUARTA CARTA

La Política inquisitorial de Gómez

Pans, 15 de Abril 1911.

Señor D. A. PIETRI-DAUDET,
Director de *La Revue Américaine*,

Muy distinguido Amigo,

Cuatro palabras nada más esta vez. Las noticias que trae el último correo de Venezuela, sucintas y de enormidad clamorosa serán la materia de estas líneas. Quede esta epístola, pues, donde van á referirse últimos atentados cometidos por la familia Gómez, con detalles que debe conocer el mundo y conservar la historia de nuestro país, como continuación de la carta precedente donde se exponía al odio de los hombres *La Política inquisitorial de Gómez.*

Refiriendo los crímenes de Gómez granjeará el Tártaro lo que merece : la inmortalidad del oprobio. Y sabrán cuantos lo han visto ó cuantos lean en lo porvenir los documentos que Alcantarita, González Guinán, Pimentel, el antiguo petardista García y el Gobernador de bragueta, principales directores del Traidor, le hagan firmar, que aquellos ojos gachos son disfraz del jesuitismo, que aquella sonrisa son falsa hombría de bien, que aquel monstruo es todo ficción y que en su obscuro cerebro de topo y en su pequeña, tortuosa alma de Iscariote y de mercachifle, no caben sino ideas de lucro, sentimientos de engaño y visiones de crueldad que destilan sangre.

El año pasado, por estos meses, hubo en Caracas una alharaca que trascendía al público desde las regiones oficiales. Se decía que el Gobernador Pacheco y el rufián y adamado Alcantarita, Ministro del Interior, habían descubierto una conjura contra la sagrada persona del Traidor.

En rigor no existía tal conjura. Lo que

existía era el pavor creciente de Juan Vicente
Gómez, que sus directores é íntimos de la
camarilla explotan de lo lindo y con el mayor
descaro. Aquella conjura fué obra de Pacheco
y de Alcantarita. Cuando la fraguaron en
Caracas ambos mequetrefes estaba Juan Vicente Judas á veinticinco leguas de la Capital, en Maracay, visitando sus vacas y sus be-
cerros, placiéndose en la única sociedad que
comprende, en la sociedad en que se crió, con
seres similares á él: toros, novillos, terneras,
vacas y recentales. Es más : Gómez había partido de Maracay hacia Puerto Cabello á pre-
senciar no sé qué inauguración de máquinas
en su negocio de carnes congeladas. Como ya
todo el mundo sabe, no sólo en Caracas sino
también en el interior de la República que
Gómez es más cobarde que una gallina y que
vive temiendo que lo maten, hicieron correr
la noticia de que el pueblo en Puerto Cabello
había volado con dinamita una cañería propiedad de Gómez. Bastó para que Gómez,
pávido, sin averiguar más, desistiese del viaje.
Eso era lo que querían, probablemente, los
que regaron la noticia.

Véase, pues, cuán lejos andaba Juan Vicente de aquella triste Caracas testigo y víctima de las glorias de Iscariote. No bien llegó á Miraflores se le participó que se había escapado milagrosamente de la muerte, gracias á Alcantarita y á Pacheco Bragueta. Gómez no se desmayó pero se tomó un litro de brandy para resistir el choque de las emociones. Y multiplicó sus deferencias hacia aquellos hombres de pro que, no contentos con ser pilares del Ejecutivo, se desvivían hasta salvar en Caracas la preciosa existencia del que andaba por Maracay, por Valencia y con ganas de adelantar hasta Puerto Cabello. ¡Qué servidores! ¡Qué patriotas! ¡Qué amigos!

Entretanto Alcantarita y Pacheco Bragueta exultaban. Habían hecho prender á cuatro pobres diablos, — los conspiradores. Se inició una causa criminal á los infelices; pero careciendo de elementos de acusación hubo que suspenderla. No por eso aquellos desgraciados recobraron su libertad. El indio Padrón, aquel lenguaraz iletrado que odia á todo ser blanco y á cuantos sepan leer y escribir, aplicó por su cuenta tortura — la tortura abolida por nuestras leyes — á aquellos inocentes para que confesasen crímenes que no habían cometido. Todas las noches oíamos sobresaltados los presos, y en la mayor angustia por aquel dolor ajeno, las lamentaciones de las víctimas á quienes se aplicaba el tormento. Todavía me espeluzno al recordar los quejidos en medio de la noche, en el silencio de la Rotunda. Y todavía recuerdo la sonrisa de hiena con que, á la mañana siguiente, se presentaba ante los presos aquel sicario de piel roja.

Pues bien, eso es nada. El último correo trae la noticia, ya de viejo conocida en Caracas pero no en Europa, de que Eustoquio Gómez, primo de Juan Vicente, y jefe de la Fortaleza de Maracaibo — en medio del mar — á donde se había enviado á los supuestos reos, Eustoquio Gómez, asesino del Gobernador Mata Illas, Eustoquio Gómez, condenado á diez años de presidio y á quien su primo el Presidente libró de la cárcel para entregarle la Fortaleza y los presos políticos, Eustoquio Gómez, único rival de Marcial

Padrón, Eustoquio Gómez, el niño mimado
de Juan Vicente, asesinó á palos, es decir,
vapuleó hasta dejar sin vida, á ciudadanos de
una República que se dice culta, de un país
que se llama cristiano, de una nación que ha
luchado por el triunfo de la libertad, de la
fraternidad y de la justicia ! ! !

¿No se ha consignado en la leyes la inviola-
bilidad de la vida, y la abolición de la tortura?
¿No se ha combatido con entereza por alcanzar
toda suerte de garantías ciudadanas? ¡ Cómo !
¿A la hora que es para la civilización del mundo
retrogradamos nosotros de un salto á la
Edad Media? ¿Puede tolerar un país, sin dar
pruebas de disolución social, que un puño
de bandidos, por traición adueñados del poder,
robe el tesoro, aniquile las industrias, amor-
dace la prensa, encarcele ciudadanos y sobre
todo los torture y los mate en el silencio de las
cárceles? ¡ No. No. No ! Un pueblo que acepta,
sin erguirse furibundo, semejante regresión á
la barbarie, no puede vivir y no tiene derecho
á la vida.

Los ciudadanos victimados tan inicua y
cobardemente se llaman Jara, Gáfaro y Nel

Espina (este último colombiano). Del cuarto ignoro el nombre. Tambien fué asesinado de igual suerte, es decir, á palos, el Señor Pedro Nolasco Muñoz. Éste, según cuentan, no era un santo. Pero nada autorizaba el horror cien veces condenable de asesinarlo, y de asesinarlo prevalidos de la fuerza, en una cárcel, á palos, por mano de un criminal empedernido como Eustoquio y de orden de Juan Vicente que tenía pavor de Muñoz.

En mi anterior referí que el Doctor Leopoldo S. Maldonado, preso político, había sido muerto en la prisión. El Doctor Maldonado se suicidó. Hombre de honor, caballero de costumbres y educación sin tacha, elemento social de importancia, hombre de saber y de altivez, el Doctor Leolpodo S. Maldonado se suicidó, para no tolerar los ultrajes de sus carceleros. Se le escarnecía, se le obligaba á barrer, á limpiar las orduras de los presos, á ser su propio criado y sirviente de los demás. ¡Este hombre de honor no pudo más y se mató!

El suicidio se realizó en circunstancias que

denuncian elocuentemente la crueldad de los sicarios.

No tenía armas. Con un hierro de barril no mayor de dos pulgadas empezó á degollarse poco á poco, en silencio, en la obscuridad. Otros presos que por casualidad, ó sospechando lo que podía ocurrir, se dieron cuenta, se apresuraron á contenerlo. El Doctor Maldonado, que no había terminado su fúnebre tarea, se debatía entre los piadosos compañeros de infortunio que por fin le arrancaron el hierro de las manos. Pero entonces el desesperado introduciendo los dedos en la abierta herida se desgarró la carótida. Así murió el Doctor Leopoldo S. Maldonado, víctima de Juan Vicente y Eustoquio Gómez.

También trae el correo la noticia del más absoluto y cínico amordazamiento de la prensa y de nuevas innúmeras prisiones. Digo del más absoluto porque si es verdad que no había prensa libre, sino algunos periódicos tolerados, no se había, como ahora, establecido la censura. Cuando Pacheco Bragueta llamó á los periodistas y les participó el nuevo canon de la ley andina, parece que el señor Jiménez Arráiz, ya que no podía otra cosa, burlóse con donosura del infeliz Bragueta. Alguien le dijo á Pacheco que aquello era una mofa. Pacheco entonces, muy digno, creyó que estaba en el deber de amoscarse y amenazó á todos los periodistas y en especial á Jiménez Arráiz, con la Rotunda y el Castillo. — Poco después cumplió su amenaza. A la cárcel fueron á dar los redactores de *El Tiempo*.

Pero las prisiones no se reducen sólo á periodistas. Hay que espigar en todos los campos. Mi hermano Héctor, á punto de embarcarse para una de las Repúblicas del Pacífico, fué preso en La Guaira y conducido á Caracas. Allí gime hoy en La Rotunda, víctima del odio que la barbarie nos ha jurado, y única contestación que puede dar Juan Vicente Judas á estas cartas delatoras.

Ya ve usted, mi querido Pietri-Daudet, cómo andan las cosas en nuestra tierra y cómo se dispone á celebrar ese gobierno de asesinos y garduños el primer centenario de la independencia patria.

QUINTA CARTA

La Política exterior de Gómez

Paris, 12 de Setiembre de 1911.

Señor D. A. PIETRI-DAUDET,
DIRECTOR DE *La Revue Américaine*,
BRUSELAS

Señor Director,

El haber estado en España, primero, á cuya capital fuí á dar dos conferencias sobre « La evolución política y social de Hispano-América », y el haber estado luego de veraneo en Londres y en Brighton, me distrajo de cumplir el deber patriótico que me he impuesto, el deber de dirigirme á usted por medio de la prensa, constituyéndome en portavoz de la patria amordazada, víctima de un puño de sicarios sangrientos que la sujetan en la sombra, la cosen á puñaladas y le desvalijan los bolsillos.

Trataré en esta quinta carta de la política exterior de Gómez.

Cuando en un pueblo la política nacional con respecto al Extranjero no tiene continuidad, *esprit de suite*, rumbo, y un gobierno desanda el camino que adelantó el gobierno precedente; cuando á cada nueva Administración se ensaya distinto derrotero, ese país produce el efecto de un navío que no sabe adonde va y navega primero al Norte, luego al Sur y más tarde al Este ó al Oeste. ¿A dónde irá ese buque? ¡ Nadie lo sabe; ni él mismo ! Desaparecerá en la tempestad, que no supo huir ni preveer. Desaparecerá en la tempestad, como el buque fantástico en la leyenda del holandés errante.

Pero la barbarie no opina de esta suerte.

Apenas ascendió al poder Juan Vicente Gómez, el Traidor, gracias á la zancadilla que echó á su confiado amigo el General Castro, á quien todo se lo debía, hasta la presidencia de la República, cuando torció radicalmente la dirección que Venezuela estuvo dando á su política exterior durante diez años.

No quiero tratar en esta carta, porque no es la ocasión, de la política interior del General Castro, ni disimular sus lunares, ni echar un velo sobre sus errores ni menos cantar sus desaciertos. No lo hice ayer cuando el General Castro era todopoderoso y derramaba dádivas y prebendas sobre aquellas manos que se rompían en aplausos, sobre aquellas bocas que entonaban el himno, sobre aquellos ojos sumisos, aquellas rodillas de hinojos, aquellos éxtasis de adoración. ¿Por qué lo haría ahora? Pero si no lo canté ayer en el solio no lo injurio tampoco en la desgracia y el destierro. Esa gloria se la dejo á Eloy González, al doctor Niño, á Andrés Mata y á Andrés Viga.

Con respecto al Gobierno del General Castro conservo la autoridad moral de que carecen Gómez, Alcántara, Iturbe, González Guinán y el infausto negrito Andrés Mata que ayer lamieron la podre que hoy fingen repugnar y que reverenciaron como á ídolo al hombre que hoy, en la adversidad, calumnian y escarnecen.

Por eso digo en alta voz y á todos los vientos que cualquiera que fuera la política interior del General Castro — y en los cinco primeros años de su gobierno no veo yo mucho que censurarle — pasará á la historia patria como defensor acérrimo de los derechos venezolanos ante las pretensiones extranjeras, como representante irreductible de la nacionalidad. En sus muchas cuestiones con las Potencias, si exceptuamos los asuntos con nuestra hermana, la República de Colombia, casi siempre tuvo razón, aunque casi nunca supo tenerla. Consistió el error suyo en no querer consultar á los especialistas en materia de política extranjera, sino creer que podía por sí solo y sin asesores resolverlo todo, haciendo firmar cuanto ponía por delante á Ministros de pantalla como Ferrer, como Alejandrito Ibarra, como López Baralt, como Paúl, quienes sólo añadían á la firma una sonrisa y un aplauso.

Pero en el fondo la política exterior de Castro fué nacional y la que él, de buena fe, creyó mejor para el país, de acuerdo con patrias tradiciones de altivez. Sólo bastaba acaramelar nuestras notas, para restarles acidez; echar vaselina á nuestros argumentos, para que corriesen lubricados; poner guantes á nuestras manos, en lugar de guanteletes, para que estrechasen sin adolorir ni romper.

¿Y qué hizo Venezuela? ¿Qué hizo Gómez al escalar el Capitolio? Nombró ministro de Relaciones Exteriores á González Guinán que no demuestra energía sino para la lisonja, ni habilidad sino para las intrigas de la política criolla; que tuvo culpables flaquezas con los yanquis hasta el punto de suscribir Protocolos que bien caros, moral y materialmente, nos cuestan; que aconsejó el ignominioso negociado con el Cable francés, del que sacó Juan Vicente Judas una talega de luises y Venezuela muchos años de esclavitud á una Compañía extranjera; que no supo dirigir las negociaciones con Francia y con Holanda, consintiendo en que se nombrara al famoso Doctor Paúl, agente en ambos países, para que el famoso Doctor Paúl ofreciera á ambos países, — á trueque de unos milloncejos que iba á embolsarse con el arreglo de inicuas reclamaciones de esas Potencias, — condiciones absurdas que la República no podía aceptar

y que el Congreso de 1909, en efecto, im-
probó.

En una palabra : el Gobierno de Gómez, de
propósito deliberado, reaccionó contra la política exterior del Gobierno de Castro — como si
para el Extranjero no fuera sólo la persona jurídica, Venezuela, con prescindencia de sus Presidentes más ó menos transitorios, la entidad
constante con quien trata. A la altivez anterior sucedieron las más culpables complacencias, y el único gaje recogido fué el desprecio
y el único fruto, aparte el oro que se embol-
saron Gómez Iscariote y sus secuaces, la
convicción extranjera de que con Venezuela
podían permitirse todo, porque si surgía un
gobierno bastante inflexible para no amedren-
tarse y bastante patriota para no venderse,
sería, tarde ó temprano reemplazado por
cualquier Juan Vicente Judas, quien, so
pretexto de imbecilidad, se dejaría sobornar,
— ¡engañar por dinero ! — ó quien se ame-
drentaría antes de enseñarle los puños, ya por
temperamento de esclavo, ya para continuar
sin tropiezos el saqueo de la nación.

Pero el primer paso de Gómez Iscariote en

punto de política exterior merece párrafo y comentario especiales. Tanta es la infamia de aquel acto siniestro, sin antecedentes en la historia de nuestro pueblo, que la infamia nos arropa á todos los venezolanos, á todos, hasta á los más ajenos á aquella villanía, hasta á los más férvidos patriotas, á todos. Gómez tramaba en silencio y con sigilo su traición al Presidente de la República; pero cobarde como es vacilaba, temeroso de Castro, que yacía sin embargo, á dos mil leguas de distancia, bajo el bisturí del cirujano, entre la vida y la muerte. Entonces el Iscariote pavorido se resolvió á traicionar no sólo al jefe y al amigo sino á la patria y pidió que barcos extranjeros viniesen á las aguas de la República á apoyar la deslealtad. Tuvo el heroismo ese cobarde de coronar su nombre de ignominia; ese timorato se atrevió á lo que no se había atrevido nadie; esa mujer, ese Juana Gómez, llamó soldados extranjeros para que lo defendiesen contra soldados de la nación.

¡Y esa señora es Presidente de la República ! ¡Y ese felón que llama buques extranjeros es quien manda en la tierra del indio Guaicai-

puro, que odió á los invasores, que murió con
la flecha entre los dientes, y cuyo heroísmo
cantan nuestras selvas y nuestros montes; en
la tierra de Ribas, de Bermúdez, de Anzoá-
tegui, de Páez que tiñeron en sangre de opresores europeos la hierba de las llanuras, la
nieve de las montañas, el Orinoco, el mar, y la
corriente de los dulces morichales; en la tierra
de Sucre, en la patria de Aquel á quien no se
puede nombrar donde se nombra á un traidor.

El tiempo corre; pero esas responsabilidades no prescriben. Más temprano ó más
tarde se abrirá ese juicio de escarmiento por
traición á la patria. Tiemblen los que vendieron la nación. En faroles y escarpias va á
guindarlos el pueblo, por una justicia que no
se imparte en tribunales y que los pueblos
se toman cuando son dignos de existir. Por
esa justicia murieron Carlos I en Inglaterra,
Luis XVI en Francia, Maximiliano en Méjico,
García Moreno en Ecuador. Por esa justicia
popular morirá Juan Vicente Judas. Yo pido
desde ahora para él una muerte de cerdo : la
degollación.

Nada existe más infecundo é inmoral que

la piedad, ó sea la impunidad, con malhechores del jaez de Gómez Iscariote. ¿Se corrigió el traidor? ¿Arrepintióse de su alevosía para con la patria? ¿Cubrióse la cabeza de ceniza y mendigó el perdón de puerta en puerta?

No, no, no. El Iscariote persiste en negociar la República y en echarse en los brazos del Extranjero por miedo á la nación.

El señor Delgado Chalbeaud, comisionado de Judas, acaba de llegar á Europa. Viene á vender, esa es la palabra, á vender la nación. Explicaré y se verá cómo es cierto que se está poniendo en subasta pública á todo un país. Una compañía venezolana, de la cual es principal capitalista Gómez y en la que poseen acciones Iturbe, Alcántara, Pimentel, Corao, Velutini, Colmenares Bragueta, y pocos más, está devorando la República, en beneficio de una docena de cínicos ladrones. Esa compañía tiene el monopolio de la sal; el monopolio de navegación en el Orinoco; el monopolio de navegación en el Lago de Maracaibo y el monopolio de explotar caucho en los riquísimos cauchales del Territorio Amazonas. Por medio de esos monopolios un incesante y caudaloso río de oro se desvía del Fisco y de bolsillos de industriales para caer en las cajas de la compañía. Un solo consuelo quedaba : esa compañía era venezolana. Ese dinero por mal habido y mal distribuído causaba desequilibrio en la economía de la nación; pero en fin de cuentas, quedaba en Venezuela.

Ahora, ¿qué sucede? Gómez manda á vender la compañía, por medio del señor Delgado, en Inglaterra y Alemania. Ese chorro de oro se irá de Venezuela y Venezuela quedará exangüe y en ruina. ¿Pero qué le importa á Gómez y á su pandilla de rapiñeros si ellos se embolsan, de un golpe, una buena millonada?

En vano Riera, Rolando y Peñaloza, consejeros de Gobierno, niegan su voto á la venta; en vano Tellería, Presidente del Estado Bolívar, hace un gesto digno de protesta, antes de claudicar miserablemente; en vano los cosecheros de caucho en el Territorio Amazonas telegrafían á Gómez que no les quite el pan de la boca; en vano el General José Manuel Hernández amenaza al gobierno con una ruptura; en vano el país ruge sordamente, como el mar, ya que por gemir amordazada no puede hablar la prensa. En vano, en vano todo. Juan Vicente, el traidor, — Juan Vicente, el avaro, — Juan Vicente, el todopoderoso, quiere los millones extranjeros y el señor Delgado Ch. sale para Europa á vender la nación y llevarle los millones á Judas Gobseck.

¿Qué quedará de la soberanía venezolana el día en que una ó dos grandes Potencias adquieran el « trust » que vende Gómez? ¡ Adiós, Venezuela ! Será menester escribir sobre los muros del Capitolio nacional aquella corta y amarga lamentación de Kockíusco : « Finis patriæ ».

El que no esté en los secretos de la actual política de Venezuela se preguntará :

— ¿Pero ese malvado que negocia su patria no es el mismo presidente patriota y previsor que ha convocado el Congreso boliviano? ¿No serán exageraciones adversarias las que lo pintan como á un monstruo digno de ser ahogado en su lecho, como Tiberio, por mano de un esclavo?

Es menester poner en claro las cosas para no dejar resquicio á la duda.

Así, pues, respondo :

— Es verdad que el Congreso boliviano

reunido en Caracas el 5 de julio de 1911, en
la fecha centenaria de nuestra declaratoria
de independencia, y al que concurrieron las
naciones americanas predilectas del Libertador : Colombia, Ecuador, Perú, Bolivia y
Venezuela, fué un gran paso de política continental, aunque hasta ahora se ignoren los
resultados prácticos de aquella Asamblea de
Naciones. Es verdad que pudo considerarse
y fué considerado como la iniciación de una
entente cordiale entre las naciones concu-
rrentes, con objeto de oponer una política
hispanoamericana defensiva á la política
angloamericana de agresión. Pero en la convocatoria de ese Congreso, idea que jamás
pudo caber en el cerebro de topo de Gómez
Iscariote, no tuvo éste la menor iniciativa.
La reunión de ese Congreso de Repúblicas
fué obra única de Don Manuel Antonio Matos,
Ministro de Relaciones Exteriores, y principalmente de los señores Duarte Level y J. La-
dislao Andara, hombres de clara visión y aman-
tes de su país. Arrepentido de haber dado su
aprobación á aquella Asamblea, Juan Vicente
Judas, contradiciéndose, probando que en

Venezuela no existía un plan de política exterior, sino corrientes de capricho, dijo posteriormente en su Mensaje al Congreso nacional de 1911 que « él reconocía en el Continente la hegemonía de los Estados Unidos ». ¡ Y no se le cayeron los labios ! ! ! Esas palabras, tan propias en la boca de un traidor; esas palabras que servirán mañana para el juicio que la nación habrá de seguirle; esas palabras que salieron de la pluma de Francisco González Guinán, mentor de Iscariote y autor del Mensaje; esas palabras que contristaron é indignaron á la República; esas palabras de cobardía que colocan á Juan Vicente Gómez por debajo de todo vilipendio; esas palabras de claudicación y de servilismo que derraman chorros de oprobio sobre las páginas más resplandecientes de la historia nacional; esas palabras de ignominia que ya nadie podrá borrar; esas palabras de González Guinán, en boca de Gómez, traducen los más íntimos y ruines sentimientos de este siervo nostálgico del rebenque, que se olvida cuando habla de que habla en nombre de la nación.

Lo que no pensó González Guinán, y menos

el caballo de Calígula, es cómo iba á repercutir esa explosión de servilismo que compromete á la República y turba el equilibrio continental americano, no sólo en el alma nacional sino en todas las Repúblicas de América y muy especialmente, por razones conocidas, en Colombia y en Brasil.

Esta carta, Señor Director, se haría interminable si me diese á comentar punto por punto los errores de la política exterior de Gómez Iscariote. El que sepa ver que vea. Entre las dos corrientes, la del Ministro Matos, que es la buena, y la del Secretario González Guinán que es la de someterse á todo trance y poner el fundillo á los ajenos puntapiés, Juan Vicente Judas, por temperamento de lacayo, sigue ésta; por temperamento de lacayo y para poder saquear el país, sin complicaciones extranjeras, ó lo que es peor, para propiciarse á las naciones á quienes está mercando la República.

Pero el rayo que habrá de fulminarlo ya está en la diestra de Júpiter. Iscariote lo sabe y tiembla.

SEXTA CARTA

El lenguaje oficial de Gómez

❖

Paris, 2 de Noviembre
de 1911.

Señor D. A. PIETRI-DAUDET,
Director de *La Revue Américaine*,
BRUSELAS

Distinguido amigo,

Usted sabe, como sabe todo Venezuela, que Gomecillo de Pasamonte es capaz de escribir con decoro de la lengua ni una tarjeta postal. Su estilo, como su elocuencia, es ya célebre.

El hombre de las siete palabras se le llamaba hasta hace poco porque á ese número preciso de vocablos se reducían los floreos de su facundia oficial. Pero el lacónico Juan Vicente ha obtenido durante las fiestas del centenario

5.

un triunfo oratorio, en que la hilaridad produ-
cida en los circunstantes causó envidia, de
seguro, á los manes de Aristófanes.

Al inaugurar una estatua, Juan Vicente
debía pronunciar cuatro palabras que durante
muchos días le hicieron aprender el insignificante Pimentel y González Guinán. Ambos
le servían de auditorio, mientras Juan Vicente
sobre una silla declamaba su lección.

El auditorio lo aplaudía frenéticamente
convencido de la capacidad de Juan Vicente,
y Juan Vicente, embriagado por los aplausos
é ignorante de las fábulas de Iriarte, adquirió
confianza en sí mismo. Llegó el momento de
la inauguración. La plaza en cuyo centro se
erguía el bronce, cubierto de un velo blanco,
rebosaba de gente. El gabinete, el congreso,
las corporaciones, los diplomáticos, la ciudadanía rodeaban al Presidente. Se tiró de un
cordón y el velo blanco vino á tierra, dejando
destacarse en el aire la figura marcial de un
héroe. Los áulicos impusieron silencio. Juan
Vicente iba á hablar. Pero Juan Vicente sintió
un hormigueo en las plantas, una pesantez en
la lengua, tosió, se pasó el pañuelo por la fren-

te, abrió la boca... y el silencio empezó á poblarse de risas. Juan Vicente había olvidado el discursito de González Guinán, tan aplaudido de Pimentel. No recordaba nada, sino que se trataba de la entrega de aquella estatua á la ciudad. Por fin, realizando un *tour de force* máximo, concentró todas sus energías intelectuales y pronunció : « ¡ Señores ! Aquí está esto »... Y agobiado de aquel esfuerzo cayó en los brazos pecadores de Panchito Alcántara, que empezó á felicitarlo, mientras González Guinán le decía á la oreja :

— Al General Guzmán se le olvidó una vez, en ocasión solemne, lo que iba á decir y, francamente, no salió tan airoso como usted. Ya le contaré en Miraflores.

Los demás lo abrazaban, entusiasmados con aquellas palabras dignas de grabarse en letras de oro. Y cuando rompieron á andar, alejándose de la maldita estatua, en busca de los coches, Pimentel le aseguraba que Bolívar, con ser quien era, jamás pudo hablar en público.

Pero de entre la masa del pueblo salieron silbidos agudos y, mientras la multitud se dispersaba, grupos de ciudadanos se quedaban rezagados en la gran amplitud de la plaza comentando el rebuzno del asno, muertos de risa.

El estilo de Gómez Iscariote corre parejas con su elocuencia. Pero su lenguaje oficial, que cambia con los secretarios que lo dirigen, ha asumido últimamente, junto con el acento superlativo de la falsedad que tan bien le cuadra, el tono de la soberbia guzmancista que no siente pero que admira é imita González Guinán, de aquella soberbia absurda por la que Guzmán se erigió estatuas, se apellidaba á sí mismo ilustre Americano, Regenerador, Pacificador, Jefe, Centro y Director del partido liberal, y que le hacía exclamar á aquel vanidoso que no dirigió en su vida una batalla campal: «Los mariscales de Francia no me llegan á las rodillas.» Guzmán fué, á pesar de todo, un reformador; fué un benefactor de Venezuela; pero su memoria no puede sustraerse á la idea que la acompaña : idea de cosa inflada, rimbombante, ridícula.

Tienen la culpa, en primer término, su

literatura oficial y la de sus lacayos, literatura de satrapía, en que el yo impera arriba y la ausencia de toda personalidad se nota abajo, literatura bombástica, aparatosa, elogiosa, palabrera, tronitante y vacía.

El Constitucional, de tiempos de Castro, no fué sino un eco de *La Opinión Nacional*; y Gumersindo Rivas sino un heredero de Fausto Teodoro de Aldrey.

Ahora se quiere que Gómez Iscariote, el antiguo gañán, de historia obscura, de carácter servil, de espíritu subalterno, represente el Júpiter Tonante, y aparezca en medio de la zarza ardiente. ¿Y quién le dicta ese lenguaje? González Guinán, el antiguo Ministro del « Ilustre americano », el ex-redactor de aquella famosa *Voz Pública*, que sirvió de modelo al actual *Universal* de Caracas, el que llamó á Castro « Vice-Gerente de Dios en esta parte del planeta », el día en que á Castro se le ocurrió declararse Papa.

Se desea que Gómez inspire respeto y pavor. Pero no es posible. El sentimiento nacional respecto á Gómez no va más allá del desprecio. En vano el aprendiz de déspota, victima en las cárceles á los infelices presos : nadie lo llama tirano sino asesino; en vano roba los dineros de la República é introduce contrabandos y acapara en su beneficio industrias ínfimas: nadie le dice exactor sino ratero; en vano vende sus monopolios á compañías extranjeras y tolera que la bandera de los yanquis flote sobre los muelles de Carúpano : nadie habla de sus errores de estadista sino de sus traiciones á la patria.

No, Juan Vicente Judas no es un autócrata sino un bribón. Persiga, destierre, encarcele, robe, mate, nadie mancillará la palabra tirano asociándola á su nombre.

No, no es un déspota; es sólo un pillo que miente, que engaña, que abusa de la confianza, que escamotea cuanto puede, y que llega hasta la puñalada en los caminos y encrucijadas.

« Eso es todo y nada más », como dice *el Cuervo* de Poe, por boca de Pérez Bonalde.

***

Y á este príncipe de la basura lo quieren rodear de respeto sus áulicos, para que todos reverencien á la triste marioneta que ellos manejan. Dice ó le hacen decir á Juan Vicente Judas en su Mensaje al Congreso de 1911 — el año en que se celebra el centenario de la independencia, — que él reconoce en el Continente la hegemonía de los Estados Unidos.

La ciudadanía se indigna de aquella vileza tan inútil como espontánea. El Doctor Bernardo Esteves le dirige una carta comedida, pero apremiante y patriótica. Pues Gómez Iscariote responde al indignado venezolano y á la exaltada opinión pública en términos displicentes, quejoso de que se permitan analizar sus pensamientos y comentar sus palabras. ¡Cómo! ¿Venezuela puede interesar á otros que á él, que es el amo de aquella cosa?

Pero no es posible dorar la paja ni perfu-

mar el excremento. Por más habituado que
esté González Guinán á la mentira política no
pudo en el Mensaje de Gómez de 1911, aun
valiéndose de eufemismos y circunloquios,
disimular el descaro de ciertos latrocinios.

Así, respecto al monopolio de navegación
en el Orinoco y Lago de Maracaibo que con
menoscabo de la industria, del comercio, del
progreso, en fin, de aquellas regiones explota
cínicamente Gómez, el Sr. González Guinán,
pasando como por sobre ascuas, dice :

« Las empresas de navegación del lago de
Maracaibo y la Fluvial y costanera de Venezuela en el Orinoco y sus afluentes, se encuentran hoy refundidas en virtud de un contrato
que celebraron de mutuo acuerdo. La empresa
así refundida presta cada día el mayor desarrollo á la comunicación fluvial y marítima ».

En el mensaje de ese año termina Gómez
elogiándose á sí mismo, con mucha modestia,
eso sí :

« La Providencia no me ha dotado de las
aptitudes del genio. (*Tu parles*). En cambio
me ha concedido un juicio recto, un corazón
abierto á la generosidad y una conciencia que

rechaza por instinto las seducciones del vicio (1).»

No sé quién se habrá reído más de semejantes conceptos : si González Guinán al escribirlos, Gómez al conocerlos ó el público al escucharlos.

Pero volvamos al lenguaje guzmaniaco adoptado últimamente y de que es el mejor ejemplo la carta pública dirigida por Juan Vicente Gómez, Presidente de la República, al Señor Arístides Tellería, Presidente del Estado Bolívar, condenado voluntariamente al ostracismo para evitar las persecuciones del traidor y su camarilla.

Recordaré en cortas líneas lo ocurrido. El Señor Tellería entendió gobernar el Estado que lo eligió su Presidente, de acuerdo con las leyes seccionales y nacionales.

Hubo entre el Presidente de la República y el Presidente de Bolívar diferencias de carac-

(1) El provinciano cursi que duerme en el fondo de González Guinán, á pesar de ser escritor ameno, sacó la cabeza cuando pone en boca del infeliz Juan Vicente esta nota culminante de su administración :

« La señorita Antolina González, persona inteligente y de competencia ha sido enviada á los Estados Unidos de Norte América á estudiar la carrera de Modista Artística !!! »

ter político y económico. Aquellas nacieron de
la inmiscuencia de Gómez en la administración de Guayana, al punto de imponerle á la
Sección Yuruari un gobernador que repugna-
ba á aquella tierra y al Presidente del Estado,
único de quien dependía la elección y que se
veía constreñido á nombrar á persona que le
era ingrata. Hubo más : Gómez pretendía que
al Gobernador que recomendaba se le dieran
poderes extraordinarios, con menosprecio de
la autoridad del Presidente de Guayana, y en
desacato á la letra y espíritu de la Constitución en ese punto.

En lo referente á cuestiones económicas,
el desacuerdo fué más hondo. Gómez hizo dic-
tar una Ley de Tierras Baldías que le sirviera
para despojar á los Estados, y muy especialmente á Guayana.

Los ricos cauchales, zarrapiales y te-
rrenos mineros del Estado Bolívar iba á
cederlos él en monopolio á una Compañía inglesa, con detrimento de los intereses
del Estado y de los intereses de la República,
sin más que su beneficio personal, y á trueque no sólo de arruinar ricas porciones del te-

rritorio patrio, sino de crearle futuros problemas internacionales á Venezuela.

El Presidente de Bolívar, preocupado por la suerte del Estado que tenía á su cargo, urgido por los ciudadanos patriotas y previsores de aquella tierra y por cuantos iban á ser lesionados en sus intereses, dirigióse á Gómez exponiéndole claro la situación y hasta ocurrió al Congreso Nacional haciendo una exposición de orden constitucional. Gómez se indignó. ¡Cómo! ¿Había alguien que le contestase el derecho á vender la patria y arruinar á los Estados, suprimiéndoles hasta la administración de sus productos naturales? Semejante insensato debía sucumbir.

El Presidente de Bolívar se defendió con las leyes. Triunfante en la opinion pública, triunfante en derecho, el Señor Tellería fué desposeído por Gómez arbitraria, inconstitucionalmente de la Presidencia de Bolívar y llamado á Caracas á rendir cuenta de su conducta.

El Señor Tellería tuvo la debilidad de entregar el Estado al sustituto que le mandaban de Caracas; pero en vez de seguir viaje á

la Capital se quedó en Trinidad, Antilla
inglesa de donde dirigió á Gómez una carta
respetuosa. Le tocó al Presidente de Bolívar la suerte que ya había tocado á otros
Presidentes de Estado : Colmenares, Araujo
Olivares. Cualquiera de estos hombres á quienes Gómez persigue es superior á Gómez;
pero merecen el destino que les cabe ya que no
saben tener un movimiento de rebeldía ó un
instante de solidaridad entre sí, ya que prueban que nacieron para obedecer y no para
mandar.

La respuesta de Iscariote capitolino á la
carta del Señor Tellería es la obra maestra
que vamos á exponer y en donde se estudiará
con los procedimientos políticos el lenguaje
oficial de la Bestia triunfante.

Desde luego adviértase lo que significa
Federación en Venezuela y autonomía de los
Estados. Ni en Rusia ni en Turquía el centralismo es más absorbente que entre nosotros.
Cinco años de guerra costó el implantamiento
de esa federación imitada de los yanquis;
cuarenta años ininterrumpidos llevamos declamando en su favor; pero jamás ha sido la

federación en Venezuela, jamás, sino una vil mentira y una palabra vana.

El documento que han hecho suscribir á Gómez empieza en estos términos :

« He leído su extensa carta que me ha enviado por conducto del Señor Valderrama ; y á medida que avanzaba en su lectura ha ido creciendo muy mucho mi extrañeza por el tono de su citada carta, por el cúmulo de errores que contiene, por sus raras aseveraciones, por su inexplicable rebeldía contra el tenor de nuestras instituciones y por la definitiva resolución adoptada por usted de quedarse en esa Antilla, cuando ha debido, por honra personal y por decoro de la magistratura, atender á mi llamamiento y no quedarse en esa actitud, para usted desventajosamente interpretada, porque exhibiendo tales desconfianzas de mis honrados procederes, se expone á que el país lo juzgue indigno de la confianza que con tanta espontaneidad deposité en usted ».

El estilo es el hombre. El caballo de Calígula puede relinchar; Judas puede hablar de los treinta dineros; el matarife Juan Vicente puede discurrir sobre carnicerías. Pero que el gañán se empine sobre el Olimpo, como Zeus; que Iscariote invoque su lealtad; que el Caballo del Emperador se crea César, no. Habría que evocar, en un acceso de risa, la sombra de Offembach.

A Gómez le indigna que el Presidente del Estado de Bolívar, no haya concurrido á su llamamiento. ¿Qué derecho tenía para hacer ir á Caracas á ese ó á cualquier otro Presidente de Estado? ¿Qué queda de la autonomía en las entidades federales si los Presidentes de Estado se convierten en muchachos mandaderos del Presidente de la República?

El intranquilo y desconfiado Gómez ha llamado, sin embargo, á muchos presidentes seccionales y los ha desposeído; y á otros los ha desposeído aun sin llamarlos valiéndose de artimañas ó de la fuerza. Al señor J. M. Colmenares lo derrocó del Táchira; al señor Araujo lo derrocó de Lara; al señor Régulo Olivares lo hizo abandonar el Estado que mandaba y refugiarse en Colombia. Con el Presidente del Estado Sucre, don Zoilo Vidal, el caso fué peor. Lo llamó á Caracas, como á

Telleria, lo depuso y lo sumió en un calabozo de la Rotunda donde paga hace más de año y medio el crimen de ser uno de los militares más altivos, más valientes y más prestigiosos de Venezuela.

El señor Tellería, que se vió en el espejo de Vidal, escribió su carta y resolvió quedarse en Trinidad. A Gómez y á los sicofantes que lo dirigen se les escapa la presa.

Los caníbales han puesto el grito en el cielo. Hasta el carcelero Padrón, el indio sangriento, el torturador de presos, el inquisidor de la Rotunda, hasta Marcial Padrón, el desalmado y cobarde aborígen, felicita desde las columnas del « Universal » á Gómez Iscariote por el documento absurdo que le hacen firmar, y desolado manifiesta su pena, en un largo bramido de tigre, por aquella víctima que se le escapa.

Volvamos á la carta de Juan Vicente.

¡ Con qué cara pregunta Gómez al señor Tellería por qué no acude á Caracas ! ¡ Con qué cara habla de sus « honrados procederes » ! ¿Es un crimen que el Presidente de Bolívar tema la suerte del Presidente de Sucre, que

yace en la mazmorra? Los « honrados procederes » de Gómez ¿serán los que empleó con el
Presidente de Lara, á quien llamó á Caracas
y arrebató el poder?

Más adelante dice Gómez ó le hacen decir :

« Lejos de atender á mi llamamiento resuelve usted quedarse en la Antilla vecina :
demuestra una desconfianza que lastima mi
decoro oficial y ofende mi rectitud personal. »

¡ Sensible Juan Vicente !¡ Cómo se le ocurre
al señor Tellería no dejarse asesinar á palos
en un castillo como Jara Colmenares, Gáfaro,
Nel Espina y Pedro Nolasco Muñoz ! ¿No ve
que lastima el decoro oficial de Gómez? ¿No ve
que ofende aquella rectitud personal de que
tan gratos recuerdos conserva el general Castro?

El señor Tellería, presidente de un Estado
que lleva el nombre de Bolívar creyó patriótico dirigir una circular á sus colegas los demás presidentes de Estado para que se contri-

buyese á comprar la casa donde nació el Libertador y ofrendarla á la República en las próximas fiestas del Centenario. Pero el servilismo ha llegado á tal punto en Venezuela que toda iniciativa particular, todo conato que no parta del propio autócrata á quien denominamos Presidente, se mira de reojo. González Guinán y Alcantarita se indignaron de la actitud de Tellería, enviaron telegramas á los demás Presidentes de Estado é hicieron fracasar aquella empresa del patriotismo. Luego el Doctor Gónzalez Guinán, por boca de Gómez, en la carta á Tellería, acusa á éste de aquella avilantez, sincerándose hipócritamente, eso sí, de haber contribuído á paralizarla. « Yo no podía disponer que la propaganda que usted hacía se interrumpiese, por más que observara la marcada intención de usted á elevar su personalidad por sobre la de los demás Presidentes y á inmiscuirse en un asunto decidido de antemano y en el cual había intervenido el Congreso Nacional. Por suscripción popular debía adquirirse esa casa y no por contribución oficial. »

Estos parecen chismes de comadre pero en

el fondo entrañan una lección que debemos aprovechar. La casa donde nació Bolívar pertenece á la viuda é hijos de Guzmán Blanco que la hizo propiedad suya, mediante compra, y para lucrar alquilándola á comerciantes.

Acercándose las fiestas del centenario se rennieron en Junta patriótica varios jóvenes de Caracas y resolvieron entre otras cosas abrir una suscripción popular para obtener la casa del Libertador é instalar en ella, según creo, un museo boliviano.

Entre estos hombres se contaban Manuel Díaz Rodríguez, Lozano, Key Ayala, mi hermano Óscar y otros de no menos distinción y renombre. Cuando se había recogido cierta cantidad que se imaginó suficiente, la Junta pidió precio á los herederos de Guzmán. Estos respondieron un precio que pareció exorbitante. Se creyó ver que se aprovechaban de la ocasión para especular con aquella reliquia patriótica. Y sucedió que hasta pasaron cuenta por reparaciones que fué sarcasmo de la prensa pues se cobraban hasta las tejas rotas y las alcayatas viejas.

Entonces cambió la opinión del país. Los

más fervientes patriotas, como el académico
don Pedro Arismendi Brito, opinaron por la
prensa que no debía continuarse la suscripción, que nadie debía contribuir á ella, ya
que se trataba de una especulación de parte
de aquellos precisamente que más habían
beneficiado con la obra de Bolívar, como eran
los Guzmanes.

Otros manifestaron que el Gobierno estaba
en el deber de expropiarlos, por motivo de
utilidad pública, conforme á nuestras leyes.
Se armó un escándalo de prensa que duró
mucho tiempo. Los millonarios jóvenes Guzmán permanecieron impasibles. No rebaja-
ron ni un céntimo.

Se diría que no eran venezolanos ó que sólo
contaban con aquello para vivir. Su contribución la daban, sí, como el último de los obre-
ros; pero nada más.

El asunto fué al Congreso, y después de
acalorados debates en que Gil Fortoul amenazó con amotinar el pueblo y ocupar por
fuerza la casa de Bolívar, el Congreso no
resolvió nada.

Entretanto el doctor Ortega Martínez,

ex-ministro y presidente del Club Venezuela
formó otra sociedad, que no fué más feliz que
la primera. El país se negó á contribuir, queriendo castigar de ese modo una actitud anti-
patriótica tan sostenida, ó no ser su cómplice.
Entonces fué cuando el señor presidente del
Estado Bolívar decidió terciar en el asunto
con tan mal éxito, como se ve por la contestación de Gómez. Gómez, inspirado per el antiguo guzmancista González Guinán, no sólo
apoyaba la actitud de los Guzmanes, sino que
no contribuyó oficialmente como pudo y
debió hacerlo á obtener para la República, costara lo que costara, la casa del Libertador; y
no contento con haber premiado á los Guzmanes nombrando á dos de ellos diputados
y á otro representante de Venezuela en la
coronación de Jorge V, censura ahora acer-
bamente al señor Tellería por haberse inmiscuído desinteresada y noblemente en aquel
problema de intereses, en aquella lucha del
sentimiento con el centavo, en aquel drama
del patriotismo con la avaricia que la República
no olvidará.

Tales son los ejemplos de patriotismo que

da Juan Vicente Judas. Así entienden él y sus áulicos el culto del Libertador.

*
* *

Sería prolijo é innecesario comentar punto por punto la carta de Gómez, lo que por otra parte no es nuestro objeto. — Pasemos por alto las aseveraciones estultas : la de acusar por ejemplo, al Presidente de Bolívar de haber servido á Castro, como si Juan Vicente no hubiera sido el esclavo más esclavo de don Cipriano, y la de asegurar que por el correo (su correo), se pierde lo que se manda, á propósito de una medalla que debió enviarse y no se envió al magistrado guayanés.

Respecto al punto primordial de la carta y de la ruptura, el inmiscuirse el Presidente de la República y el Gobierno Central en los asuntos políticos y económicos de los Estados, Gómez confiesa su culpa y da la razón, contra su voluntad, á su contrincante. Lo primero, cuando afirma que el Gobernador de Yuruary,

6.

que hizo nombrar al Señor Tellería contra el deseo de éste, no fué una imposición oficial sino una recomendación de amigo; y lo segundo cuando asienta : « Nadie ha pretendido negar á los Estados la facultad de imponer contribuciones sobre sus producciones naturales... »

Esto se llama en castellano cantar la palinodia y significa que la fuerza, por insolente y brutal que sea, tiene que hacer concesiones al derecho. No valía la pena de obedecer á los propios instintos de rapiña y á la política rencorosa y mezquina que le dictan Ministros y Secretarios para luego claudicar miserablemente y suscribir cartas públicas en que la cobardía de la intención se mezcla á la insolencia de los términos, al punto de confundirse en un solo documento, el González Guinán legítimo con el Guzmán falsificado.

Concluye la carta con un aletazo de cóndor. Al caballo de Calígula le han salido alas. Es Pegaso que cruza fulgurante y sublime.

« Yo espero que usted no haga con su decoro y su dignidad lo que ha hecho con la ilimitada confianza que deposité en usted. »

Pero no. No es Pegaso que cruza. Es Guzmán Blanco, redivivo, que habla; aquel Guzmán que asegura haber insultado en pleno campo de batalla al bravo Colina; aquel Guzmán que para sentirse más alto que todos los venezolanos se hizo pintar con túnica de Evangelista en la cúpula de un templo al que iba á arrodillarse el caballero muy católico don Francisco González Guinán. (1)

(1) Véase las notas á esta Carta en el APÉNDICE, página 241.

SÉPTIMA CARTA

Las Compra-ventas de Gómez

y la

indignación de los patriotas

París, 1º de Enero de 1912.

Señor D. A. PIETRI-DAUDET,
Director de *La Revue Américaine*,
BRUSELAS

Distinguido amigo,

Acepte mis votos de compañero por su ventura personal en el año que hoy se inicia; y todos los venezolanos víctimas de la barbarocracia imperante en nuestro país, saludemos la aurora de 1912 con una sonrisa de esperanza.

Este puede ser el año de la justicia popular, tan diferente del veredicto de los tribunales : los réprobos irán á las escarpias; los desfalcadores del tesoro público rendirán cuenta; los que asesinan en las cárceles oirán el llanto de las viudas y de los huérfanos; los que traicionan, arruinan y venden á la patria, serán condenados al oprobio, que no han temido. Golpeemos sobre nuestros escudos con la espada y clamemos : ¡ justicia, justicia, justicia !

Los mentidores oficiales, los periodistas de alquiler, los liberales de oficio, los que lamen pústulas, los que arrastran el carro de la basura, los que enseñan fórmulas de extorsión, los que aconsejan ó practican en la sombra cosas siniestras, los espías, los alcahuetes, los eunucos que miran con odio la ajena virilidad, los que protestan adhesión al imbécil Claudio, los contratistas, los mohatreros, los monopolizadores, los felicitadores, los cómplices, los palafreneros del caballo de Calígula, todos irán al merecido lazareto. Cuantas rameras burocráticas y palaciegas constituyen esa corte de bajo-imperio, cuantas orduras vivientes convierten la República en los establos de Augias, cuantas sabandijas pululan entre las baldosas del Capitolio, serán barridas. La escoba tiene mucho que hacer en Venezuela.

Y nosotros, los que fuimos encerrados en mazmorras, por un amor de la libertad que Gómez, el Esclavo, creyó excesivo; nosotros, los que fuimos echados al destierro por servir á esa patria que el Contratista está vendiendo; nosotros, los altivos, á quien el Vil arroja injurias por medio de su prensa bozal; nosotros, los leales, perseguidos por el Triador; nosotros podremos regresar á nuestros hogares, cuidar nuestros intereses, predicar nuestras doctrinas, difundir nuestras ideas, vivir nuestra vida, tener derecho al sol y al suelo de la patria.

Me induce á pensar de tal suerte el giro que toman los negocios públicos de Venezuela.

Ya usted sabe que Gómez convocó á toda carrera el Congreso, con objeto de que éste considerase varios contratos leoninos que serían, caso de llevarse á término, la ruina moral y material de Venezuela, y que, llévense ó no á cabo, son la vergüenza del gobierno que los acepta y la ignominia del Presidente que los recomienda en un Mensaje especial á ese Congreso al que convoca por extraordinario.

Estos contratos son el de Banco francés, para establecimiento de papel moneda venezolano, á trueque de varios millones, *en oro*, prometidos á Gómez; el de cesión de territorio guayanés á Inglaterra, por dinero contante y sonante que se embolsaría Gómez; y el de traspaso de varios monopolios, inclusive el de navegación fluvial y lacustre, á una compañía *interlope* de Londres.

Gómez, urgido por la avaricia, no pudo esperar las sesiones anuales del Congreso, sino lo convoca á toda prisa, y le encarece aquellos monstruosos contratos por medio de un Mensaje especial, obra maestra de la falacia, timbre de tan pulcra y patriótica Administración. La historia no debe olvidarse de tal documento que pinta al Presidente que lo suscribe, al Secretario que lo escribe y la época en que aparece.

Los comisionados de Gómez, sus dignos socios Delgado y Corao, ó más bien Rinconete y Cortadillo, han suscrito los contratos en Europa. Gómez exulta. Cree que á su crédito personal en el exterior y en el interior se debe lo fácil de la negociación y así lo expone en el Mensaje. ¿Pobre infeliz, ó Maquiavelo rural?

Se enorgullece de abrir la puerta de Guayana á los ingleses; de contribuir á que los ingleses realicen, cuando menos lo pensaban, su sueño dorado : la posesión del Orinoco !

¡ Ah, malvado; ah, venal; ah, traidor á quien disfrazan de imbécil !

Cuanto á la negociación del Banco francés para emitir en billetes obligatorios, de carácter nacional, el cuádruple del capital enterado en caja, ¡ya lo creo que era fácil realizarla en el país de Rochette y de Madame Humbert ! ¡ Y Gómez se enorgullece del éxito ! ¡ Y lo atribuye á su fama ! Así debe de ser.

Rinconete y Cortadillo abrieron las cajas fuertes. ¿Habilidad de nuestros financiestas de chocolate? No. Parece que Caillaux ha dicho : *Es necesario crear intereses en Venezuela.*

El gobierno francés, comprendiendo las consecuencias que acarrearía tal empresa bancaria, en las condiciones que se indican, quiso, á lo que parece, que se realizara. Por que Europa adivina el porvenir. Se piensa ya en el futuro reparto de nuestro país y cada uno quiere tener pretexto ó derecho á su bocado. Ese parcelamiento de la patria se realizaría pronto, ó su sometimiento á una sola gran potencia; pronto, apenas se inaugure el canal de Panamá, si las riendas del gobierno continuasen en manos de esos bárbaros y bandidos que hoy están mercando el país y que lo ofrecen, en subasta, al mejor postor.

Pero temores no haya, en ese orden, ni angustias prematuras del patriotismo. Los pueblos tienen un sentido común que al fin los salva. Venezuela no quiere suicidarse. Aquella tierra joven y de tan probado vigor se detiene al borde del abismo á que la está empujando el pseudo-Presidente Gómez. El Congreso nacional no sanciona los contratos. Gómez se queda con un palmo de narices; pero la nación respira. Ese Congreso puede jurar haber salvado la República.

Las Cámaras han correspondido esta vez

á la opinión nacional. Y entre las distintas
manifestaciones de la opinión la más trascen-
dente, sin duda, es la actitud del general
José Manuel Hernández. El general José
Manuel Hernández, jefe del partido liberal
nacionalista y consejero de gobierno, escribe
á Gómez una carta vibrante del más puro é
indignado patriotismo y renuncia el cargo de
consejero. Renuncia de mera fórmula, por
otra parte, que sirve á subrayar la actitud
de este honrado patriota, por cuanto el general Hernández, no queriendo compartir responsabilidades con Gómez, abandonó el país
desde fines de 1909, apenas fué Gómez
electo, y se ha mantenido en un destierro
voluntario que lo honra.

« Todo, absolutamente todo ha sido insuficiente — opinó el general Hernández en
su viril *J'accuse* — para lograr que usted deje
de apoyar tan decididamente á los burdos é
insaciables monopolizadores que acumulan
millones sobre millones atropellando todo
derecho y viendo con punible desdén el porvenir de Venezuela. »

Y estas no son palabras de sofista ni de

vulgar declamador, sino palabras de verdad
y de bien, palabras abonadas por cuarenta
años de vida pública sin tacha, palabras que
hacen un daño inmenso porque caen de una
inmensa altura moral.

Respecto á cesiones de territorio guayanés,
so pretexto de explotación de caucho, el
general Hernández, con la doble autoridad
de venezolano y de hijo adoptivo de esa propia
Guayana que hoy quiere Gómez enajenar á
los extranjeros, expone :

« Cualquiera que sea la reforma que se
adopte para traspasar este contrato á manos
extranjeras implica un grandísimo peligro
para la integridad de la nación, pues ello
constituiría la enajenación en forma de contrato de una gran parte de la más importante
región de nuestro suelo, tanto por su riqueza
como por la estratégica posición de su territorio. Sería, por otra parte, nulo de toda nulidad por haberse hecho contra el querer y la
voluntad expresa del país, que ha protestado
en diversas y enérgicas fórmulas y contra
leyes sagradas é inviolables. »

No es menos categórico el general Hernández ni pone con menos acierto el dedo en la llaga cuando censura el contrato de Banco francés.

« Según las cláusulas de este otro contrato — dice — concedido á los mismos que todo lo acaparan y venden, vendrá á establecerse en el país el detestable y pernicioso sistema de papel moneda, desde que el Banco puede emitir en billetes el doble de su capital : (*sesenta millones de bolívares*) no estando obligado á tener depositado como fondo de garantía sino *la cuarta parte* de ese capital... Según se lee en el Mensaje « los billetes que se emitiesen tendrían circulación fácil en toda la República y *estarían garantizados de conformidad con la ley ;* » esto es : con la ley especial que se hará para obligar al país á recibir los billetes de dicho Banco... Si por desgracia ese Banco de que usted habla con tanto calor y entusiasmo llegare á establecerse en las condiciones predichas, será el mayor de los desastres habidos para la desventurada Venezuela... »

Y por boca de este pulcro varón, de este soldado benemérito de la República hablan no sólo el patriotismo, la previsión, la hombría de bien, sino las tres cuartas partes de Venezuela que constituyen ese partido liberal á cuyo frente está Hernández.

¿Y qué responde el traidor? ¡ Responde el mendaz en una carta grotesca que el general Hernández ha debido ahogar en su pecho los clamores del patriotismo porque le debe favores personales ! ¡ Adónde hemos descendido, á argumentar como rameras, en punto á cuestiones vitales del país ! ¡ Los favores de Gómez ! ¡ Miserable ! ¿Crées tú que el Director del partido liberal nacionalista se llama Francisco Linares Alcántara, bocoy de grasa, damesana de manteca, dengosa dama-juana que da y recibe semejantes favores?

Pero más le valiera á Gómez haber enmudecido. ¿Por qué no se pasó calladamente el pañuelo por la cara para enjugar el salivazo? Cuando nuestro techo es de vidrio no se apedrea el techo del vecino.

« ¡ Favores ! — protesta, sincerándose, el general Hernández. — ¿Favores? Indudablemente, señor general, que quien redactó su carta no estaba en cuenta de que esos *favores* cuando usted quiso prestármelos, en un voluminoso fajo de acciones del monopolio de cigarrillos, los rechacé. Recuerde sus palabras : *Son de las de don Cipriano, de las que hemos dispuesto; y muy pronto le daré otra parte de la Compañía de navegación del Orinoco.* Mi respuesta fué darle las gracias por esa generosidad y dejar á usted el brazo estirado con su paquete de favores. »

Todo comentario huelga.

Estas líneas valen más que una larga historia. Allí están los dos hombres. Pintados por Velázquez no serían más fieles ambos retratos, ni más hermosos. El calumniado y ofendido general Hernández desenmascara á Gómez y tras del antifaz del Presidente comparece el bribón. « Estas son de las de don Cipriano, *de las que hemos dispuesto* » : Cartouche travestido de Wáshington.

Ese es Juan Vicente Gómez, pintado por sí mismo. La historia lo ha sorprendido en flagrante delito de robo y de cohecho. Ahí queda ese pingajo. ¡ Que prosiga ahora en su intento de reformar una vez más la Constitución, como indica en su Mensaje de contratista, para seguir haciendo la felicidad de los venezolanos !

***

En el prefacio de aquella parte de su obra histórica en que trata de *La revolución y el gobierno revolucionario*, escribe Taine estas palabras, que usted, amigo Pietri, debe de recordar :

« En Egipto, según Clemente de Alejandría, los santuarios de los templos están cubiertos por velos tejidos de oro; pero si váis al fondo del edificio y buscáis el ídolo, un sacerdote de aire grave adelántase, entonando un himno en lengua egipcia, y levanta un poco el velo como para mostraros el dios. ¿Qué véis entonces? Un cocodrilo, una serpiente ó algún otro animal peligroso. El dios de los egipcios aparece : es una bestia echada sobre una alfombra de púrpura. »

Y esa adoración de la bestia, que Taine llama el culto del cocodrilo, impera hoy en Venezuela. González Guinán es el pontífice máximo de ese culto. González Guinán, como el sacerdote egipcio, entona ante la bestia agazapada en el santuario himnos de adoración, y tejiendo con su prosa elegantes velos de oro cubre el ídolo ante el cual se prosterna. Los fieles de la bestia escasean; pero los sacristanes y cleriguitos de menor cuantía juran morir por el ídolo del cual viven.

Así, en Venezuela los empleados públicos suscriben protestas de adhesión al cocodrilo, con motivo de la actitud irreverente del general Hernández. El cocodrilo llora de agradecimiento. Sus lágrimas valen vuestra fidelidad, felicitadores de profesión y amigos de interés. Sus gemidos de abandonado corren parejas con la conmovedora elocuencia de vuestro estómago. Acercáos al santuario, compungidos : sois dignos adoraradores de la Bestia sagrada.

Pero es necesario que suene otra campana. En Venezuela esclavizada y en manos de verdugos no se oye sino la voz parcial de los empleados públicos. ¿Por qué no dejáis que opine el país sobre los documentos y la política de Gómez? Que hablen los comerciantes,

perjudicados por los contrabandos de José
Ignacio Cárdenas, socio y primo de Juan
Vicente; que hablen los agricultores de Carabobo, extrangulados por el negrito é insignificante Pimentel, Ministro de Hacienda; que
hablen los ganaderos, víctimas del monopolio de carnes; que hablen los navieros de
Maracaibo y Orinoco, arruinados por el *trust*
de Gómez, Corao y Compañía; que hablen los
capitalistas de la República amenazados por
la implantación del papel moneda; que hablen
la viuda y los huérfanos de Mata-Illas, Chaumer, Muñoz, Maldonado, Gáfaro, Espina,
Jara, etc...

Y cuanto á círculos y elementos políticos
que digan su opinión el general Castro y sus
amigos, despojados, encarcelados, proscritos;
que tengan derecho de palabra los Estados :
el Táchira que está sufriendo los saqueos y
atropellos del asesino Eustoquio Gómez :
Guayana, á quien se amenaza con la mutila-
ción : Miranda, donde impera otro Gómez, la
pequeña bestia llamada Juanchito; que escri-
ban los periodistas independientes : Arévalo
González, Flores Cabrera, los Pumar; que

publique lo que piensa el doctor Julio Torres Cárdenas; que á don Ramón Tello, á quien se ha perseguido hasta en las mujeres de su familia, se le conceda el derecho de externar sus sentimientos; que se consulte á Romero García; que se me escuche á mí...

No. Al país puede engañársele un momento pero á la postre las vendas caen de todos los ojos. El gobierno de Gómez no puede continuar viviendo : está desahuciado por la opinión pública. Sus días son contados. Tiene á su frente á Castro, que es el primer militar de la República, á Hernández, el más prestigioso de los jefes nacionales al país entero.

Y el día que Gómez y sus acólitos desaparezcan de la escena y paguen lo que deben á la vindicta pública, quedarán sus cuentas arregladas con nuestra generación. Pero eso no es todo. Hay algo más grave todavía : el juicio de la historia (1).

(1) Véase en el APÉNDICE, página 249 los documentos del General Hernández.

OCTAVA CARTA

Los defensores de Gómez

❦

París, 15 de Enero de 1912.

Señor D. A. PIETRI-DAUDET,
Director de *La Revue Américaine*,
BRUSELAS

Distinguido amigo,

Desde los sofistas de Grecia hasta los paradojos de nuestros días la inteligencia humana se ha complacido en cabriolas y maromas intelectuales que demuestren flexibilidad, destreza, audacia. Se ha hecho el elogio de la pereza, el elogio de la peste, el elogio de las pulgas. El talento no ha reconocido dificultades invencibles. Por primera vez se tropieza con una dificultad insuperable. ¿Cómo loar á Juan Vicente Judas? Problema que no resuelven los espíritus más zahoríes ni los estómagos más hambrientos, excitados aquellos por la gloria de tan difícil triunfo y estos movidos por el aliciente de la pitanza. Ingenios que hubieran deslumbrado con la apología del piojo se declaran impotentes para ensalzar á Gomecillo de Pasamonte.

Por disposición del gobiernito que agoniza en Caracas se debía defender á la Bestia contra revolucionarios irreverentes : la Bestia, á pesar de su costra hipopotámica, se quejaba de estos sinapismos epistolares. ¡ Tanto escuece la verdad !

Buscóse un caballero que saliera á liza, pluma en ristre, contra el osado cuyo potro estaba midiendo la arena, en un ir y venir lleno de arrogancia. Nadie salió á la palestra. Nadie quiso romper péñolas en favor de Monipodio.

¡ Un Presidente sin séquito de adulones, sin turibularios incondicionales, sin Homeros de á cien pesos ! Es la primera vez que tal ocurre en Venezuela. Páez encontró quien lo llamara Ciudadano Esclarecido; Guzmán Blanco quien le erigiese estatuas; Andueza Palacio quien sostuviera su usurpación. Rojas Paúl tuvo amigos, Andrade tuvo cantores, Castro tuvo idólatras. Sólo Juan Vicente Gómez no tiene admiradores, ni defensores, ni partidarios. Sólo á Juan Vicente Gómez se le abandona al oprobio.

Ninguna pluma se quiere mancillar en su defensa; nadie saca la cara por el imbécil Claudio; nadie presta su nombre para apologizar el monstruo. Han tenido que recurrir al anónimo. *José María Peinado*, que aparece como autor de reciente folleto contra algunos revolucionarios, no es nombre de ningún escritor patrio. Erasmo no titubeó en suscribir su *Elogio de la locura;* el *Elogio del idiotismo* ninguno se atreve á firmarlo.

¿Quiénes se ocultan tras la careta cobarde del anónimo? ¿Á quiénes ha encontrado el Gobierno de Venezuela como pilares de la Administración? ¿A qué abogados vergonzantes entrega la defensa de su causa? ¿Cuáles son sus amigos y por qué se enmascaran?

Tienen razón de conservar el antifaz. Ese pudor de la careta es habilidad política. ¡Cómo decir quiénes son! Creo que sea más bien el Gobierno quien les obliga á permanecer incógnitos. Pero como mi caso es distinto del caso de Gómez: como á mí no me han aplaudido, yo puedo, sin avergonzarme, decir quien son.

El primero, hijo, no de la Villa del cura sino del Cura de la villa, pasó la juventud en las enaguas de lasciva Megera, cuyo pan comía. Aquel alimento empuercado, que pagó en besos durante años y años á la anciana salaz, le acostumbró á comer su pan mojado en otra cosa que en honesto sudor. ¿Qué mucho que ahora le parezcan deliciosas las salsas ensangrentadas de la cocina gomera?

El otro es uno de aquellos sabuesos marrulleros que olfatean en el propio campo y van á latir en el campo ajeno, á quien pagaba Tello Mendoza, Gobernador de Caracas, servicios muy eficaces que impidieron revoluciones anti-castristas. Éste se deslizaba á lo somormujo en la casa del gobernador y allí rompía la hucha de secretos.

El otro es un preso criminal.

El otro es Andrés Cornelio Mata.

Así es que el gobierno ha escogido sus abo-

gados entre los cabrones, los asesinos, los espías
y los chulos. Tiene razón en insistir para que
conserven la careta. Cuidado si los conocen.

¿Y qué dicen tales bribones? ¿Cuál es la
táctica que emplean? Ya que los hemos desen-
mascarado revelemos su manera de comba-
tir á favor de quien los paga. Desde luego no
exculpan ni defienden con franqueza á Gómez.
Pasan como por sobre ascuas por sus presentes
fechorías. De los últimos tres años del desgo-
bierno de rapiña y de sangre no dicen concreta-
mente una jota. No se refieren sino al Gómez de
1892, al peón de *La Mulera*, del que aseguran
era muy buen muchacho. Es posible : entre
otras cosas por impotencia de hacer mal.
La historia de los diez años de Restauración
en que el antiguo peón vivió de rodillas ante
la poltrona presidencial, de donde le caían
mendrugos y puntapiés, ocupa tres líneas,
que son la ironía más sangrienta contra
Gómez Iscariote.

« La presencia de Gómez se le hizo insopor-
table (*á Castro*) porque á toda hora él se sen-
tía pequeño ante aquel hombre tan sincero y tan leal. »

Esa historia de tres líneas, esa vida de Gómez en diez años de servilismo se escribe impunemente porque Gómez no sabe leer. ¿Pero cómo permite González Guinán, que no le debe sino beneficios á la Bestia, que le claven en la frente ese puño de saetas?

La historia de los tres años de barbarocracia gomera también es corta: ocupa cuatro líneas.

« El éxito feliz que viene señalando los esfuerzos del patriotismo de Gómez en el Poder desborda la ira del rencoroso enano y borbota en cuanto escriben los criminales de su hampa. »

Por su dinero tenía derecho Juan Vicente á esperar menos laconismo. Están robando á Juan Vicente. A veces, de pasada, lo aplauden. ¡Pero, cómo !

« Gómez transita otra senda : él quiere poder vivir después como simple ciudadano en el país donde como gobernante tiene por principal ideal de su política la unión y la armonía de cuantos son sus hermanos en la santa comunión del patriotismo. »

Tales son los acentos que encuentran los

mercenarios para loar al caballo de Calígula.
Comprendo el *tour de force* que implica la
celebración de la Bestia; pero no debieron
comprometerse á ello los turibularios de Miraflores. Judas paga: tiene derecho á que pongan sobre su cabeza, al pintarlo, no una corona de oprobio, sino aureola resplandeciente.

No complacerlo es robarlo.

Sin embargo, comprendo. No defienden su
política porque la política de Gómez consiste en el saqueo, asesorado por el agricultor
Pimentel, por el contratista Aquiles Iturbe,
y por el botocudo salteador Pacheco Bragueta.
No defienden su diplomacia, porque la diplomacia de Gómez consiste en aseverar que reconoce en Venezuela la hegemonía de los Estados Unidos, mientras puede entregarles el
país, no por miedo sino por oro.

Cuanto á la táctica que emplean contra la
revolución consiste en la táctica del aves-
truz : esconden la cabeza bajo el ala y como
nada ven se imaginan que nadie ve y se
piensan en salvo. Aparentan creer, y procu-
ran inculcar esa creencia al país, de que la
revolución se reduce al general Castro.

Cuanto al general José Manuel Hernández
fingen ignorarlo. Y de Venezuela no se acuer-
dan. ¡ Buen provecho ! Por lo demás no com-
baten los motivos que alega la revolución,
las causas en que se apoya, las ideas que
expone, la vindicta que representa. Se reducen á denigrar, espigando en todos los campos, á figuras prominentes de la revolución;
y no aducen la verdad, que es lo único que
mata, sino esgrimen el dicterio anti-literario
y traman la calumnia de hilo burdo.

Castro es cobarde, vil, ingrato, mal nacido,
antipatriota, cornudo, un semental, y « no
sabía de ningún sentimiento noble ni como
gobernante ni como hombre privado ». Además envidiaba al calandrajo de Gómez y le
debía muchos favores. « De todo, pues, lo que
debía ser un motivo de reconocimiento por
parte de cualquier hombre de alma elevada,
nació el odio que Castro tuvo para Gómez,
en recompensa de tantos favores, no obstante haber dicho el mismo Castro, el día de
la toma de Ciudad Bolívar, que él todo se lo
debía á Gómez : que sin el apoyo que éste le
prestó no se hubiera alzado el 23 de mayo. »

Así en ese tono de comadreo chismográfico, delicioso de seguro al paladar literario de Gómez Iscariote, continúa el turiferario adocenado.

La nota culminante de Castro es la cobardía.

« En el Puente de Hierro, hallándose una tarde en una pieza interior de una botillería de aquel lugar, muy célebre entonces, abandonó á escape á la dama con quien estaba en erótico coloquio, porque oyó en la Avenida el ruido de un tumulto sin importancia. » Y al general Emilio Fernández le temía. Por lo demás, no supo defender á Venezuela contra el Extranjero y vivía de rodillas ante las Potencias.

Cuanto á la señora Castro no se escapa. A ella le dedican esta cuarteta que, á juzgar por el estilo, es de Don Cornelio ó del dentista Vivas Pérez :

Para completar el corte
está la ilustre matrona
que es á fuero de ladrona
su dignísima consorte.

Romero García es asesino, « espíritu sombrío y un cerebro desequilibrado »; Torres

Cárdenas, un verdugo, « que peseteaba en los garitos de Valencia, á mediados de 1899 »; Rivas Vásquez « un antro de cinismo conciente é inconsciente, el maniático de la volubilidad, el Alejandro de la traición; alardea de que se le vendió á los yanquis, que no necesitan de esa mercancía ni andan comprando maulas ».

Tello Mendoza, « aparte lo ladrón y su manía de imprimir dislates ganó en la corte de Cipriano su librea de adulador y prototipo de rufianes ». Es, además, pederasta.

Usted, amigo Pietri-Daudet, usted que tan desinteresadamente ha servido en la prensa á la República, ahora y antes de ahora, por espacio de luengos años, usted es para los anónimos libelistas, « el más barato de los pillos, de esos que, como se ha dicho de ciertas mujeres jamás encuentran á quien darse, pero siempre á quien venderse ».

Y yo, por último, « además de mi manía homicida y cleptómana no tengo sino la curiosidad de todas las prostituciones. »

Pero ahí es nada.

Soy adulador, truhán, viejo, cobarde, sodomita, plagiario, ingrato, pillo, vocinglero, « mitad hembra y mitad bandido según la certera expresión del general Benjamín Ruiz ». Mi prisión se llevó á cabo porque mi libertad « era gravemente nociva á la moral y á la salud públicas ». *Juanito*, « mi único triunfo, es un cuento que me robé en *Pequeñeces* del Padre Coloma; y el *Cristo anarquista*, mis versos menos mediocres, es un poema que me robé en *Pentélicas* de Andrés Mata. »

Si supieran esos insultadores de á tanto el folleto la risa que me producen sus bravatas insinceras (1).

Ese odio reflejo, esas lucubraciones de estipendiados, esos insultos mercenarios, esas defensas de dictadores, esas diatribas contra proscritos, no convencen al que lee, cuando el que lee posee espíritu crítico, sino de que

(1) Mientras escribía estas líneas entraron en mi habitación dos amigos y dos amigas, gente moza y alegre. Les traduje las páginas de detractación contra mí. Los hombres no comprendían que un gobierno se complaciera en publicar tales diatribas contra una de sus víctimas. ¡Qué país! decían; y me aconsejaban que me hiciera ciudadano francés. Las mujeres se desternillaban de risa. Terminamos por enviar á comprar una botella de champaña. Eran las cinco de la tarde. A las dos de la mañana nos cerraron la *Taberna del Panteón*, en donde festejábamos todavía aquella ducha gomera.

es bien triste oficio el de prostituir la pluma por un mendrugo y convertirse, por razones del estómago, en cantor de los que pagan y en perro que ladra si lo zuzan.

Los matones de profesión no son más repugnantes. Las plañideras por salario no son más ruines. Las claques de coliseo no venden con más vileza sus aplausos. Las mujeres que explotan sus caricias no son más venales.

¡ Qué diferencia conmigo, á quien insultan, de quien anhelan imitar la honrada furia y á quien parodian las frases de castigo !

Las tribus bárbaras del África, cuando luchan con invasores europeos quedan siempre vencidas; pero si prolongan la resistencia adoptan, hasta donde pueden, la táctica, para ellas desconocida antes, de esos blancos á quien odian pero cuya superioridad reconocen. Sólo que siempre se descubre por detalles al primitivo del África : aquella destreza es reciente, aquella táctica es de pega. Bajo la apariencia de ejército adviértese la tribu. Tras el soldado comparece el bárbaro.

Así estos asalariados de Gómez Iscariote.

Quieren simular la indignación de mi patriotismo, los encrespamientos de mi pluma, la verdad de mi odio. Pero cuando menos lo piensan el asalariado se vende y bajo la piel del león se miran las orejas del asno.

¿Qué hacen sino imitar mi prosa cuando aseguran que usted, mi querido Pietri, es un pobre hombre *disfrazado de periodista;* qué, cuando hablan del *forajido cuyo nombre es una mancha sangrienta?* Qué hacen sino remedar mis ardides de polemista cuando practican ciertas asociaciones de nombres llamando, á Castro, por ejemplo, Cipriano Cook y llamándome á mí mismo Blanco Wilde?

Pero esa política simiesca, esa táctica de tribus africanas, ese mirarse en el espejo de los demás permiten descubrir á la postre al mono, al negro, al tunante.

¡Qué diferencia de esos escribidores conmigo! Ellos hacen comercio. Yo hago historia. Ellos venden sus lecturas, sus escrituras, su conciencia. Cuanto sale de mi pluma lleva el sello de la honradez y de la convicción. Ellos difaman á personas honorables, « de orden superior ». Yo pinto escenas de bribones, esculpo malvados, sorprendo en flagrante delito á los próceres del crimen y les arranco la careta.

En la Francia monárquica ocurría que cuando faltaba el Delfín era azotado el paje. Yo seguiré conducta opuesta. Cuando estos lacayos me injurien azotaré al Iscariote que los zuza y al Alcantarita que los paga.

Con la única excepción del general Castro, á nadie ha hecho Gómez denostar y que se calumnie con más furor que á mí, en ese *Dicterio oficial*. Lo que prueba cómo, por iletrados que sean él y su cuñado Pacheco, estas *Cartas* los han puesto á bailar. La música hace danzar á los animales. Á imitación de Orfeo, seguiré tañendo mi instrumento delante de las bestias.

Gómez no quiere que la historia ni los

contemporáneos me crean, se preocupa de cómo pueda destituirme de autoridad para que mis palabras no lo deshonren y hace escribir :

« Ni sus libros, ni su cara, ni sus alardes de varonil independencia, engañan á nadie; y si hemos recogido los apuntes que nos enviaron acerca de tan ambiguo personaje, es para que se vea porque no habrá cosa más lisonjera para el amor propio de cada ciudadano insultado por semejante truhán, que la envidiosa mala voluntad de un cobarde fanfarrón, espía homicida como esa liebre calumniadora *de quien ni los insultos ni las alabanzas pueden mermar ni ensalzar la honra de persona alguna.* De él no se sabe, lo mismo que de su jefe Cipriano, si ha de apartarse la vista por asco ó por honor. »

En la página 31 se lee :

« En los días que siguieron al célebre 13 de diciembre Rufino Blanco-Fombona no encontraba palabras con que ensalzar bastante al general Gómez : si los hombres patriotas que libertaron al país de la tiranía de Cipriano Castro son traidores, preciso es convenir en que arrastrándose como un caracol á los pies de esos hombres fué como Rufino llegó á la Secretaría de la Cámara de Diputados, en la primera reunión del Congreso bajo el nuevo régimen. En aquel Congreso había muchos elementos sospechados de castristas : Rufino asumió oficiosamente el papel de confidente secreto y de haber dado ascenso á sus denuncias, á sus cartas confidenciales, llenas de malignidad y de vileza, ¡ cuántos hombres hubieran sufrido por las arterías de aquel malvado cuya depravación de alma es apenas comparable á la de Castro, á cuyo servicio ha llegado por ley de afinidad ! »

Desde los tiempos en que José Domingo Díaz injuriaba al Libertador, acusándolo de todos los crímenes y de todas las infamias, no se había asaeteado en Venezuela con tantas y tan viles calumnias el nombre de un ciudadano. ¡ Y esa es la obra de un gobierno contra un proscrito ! ¡ Yo, delator ! ¡ Yo, esclavo !

No, ni siquiera me defiendo. Mi vida entera habla por mí. Pero en respuesta escupo la cara del traidor calumnioso y lo desafío á que

publique esas cartas, á que publique una sola
de esas cartas, á que publique una sola línea
de esas cartas, á que publique una sola palabra que me comprometa ó me deshonre.
Desafío á Juan Vicente Gómez, dictador de
Venezuela; desafío á Francisco Linares Alcántara, Ministro y cómplice del dictador; desafío
á don Francisco González Guinán, Secretario y
mentor del dictador; desafío á todo el gobierno
de Venezuela á que me publique una mera
línea de carta que pueda afrentarme.

En la página 44 del *Dicterio oficial*, en-
cuéntrase : « Pero Rufino Blanco-Fombona
¿por qué se ha dado en cuerpo y alma á Don
Cipriano? ¿Por qué *después de escribir tantos
elogios en favor de Gómez escribe ahora tantos
injurias?* »... Desmiento escupiendo otra vez
la cara del Traidor y desafiándolo á que me
reproduzca una sola línea de elogio mío á su
nombre. Ni antes ni después del 13 de Diciembre de 1908 elogié á Gómez.

Jamás, jamás, jamás, he escrito un sólo
párrafo de alabanzas á esa Bestia, á quien
siempre desprecié. Mis nexos con el gobierno nacieron de mi amistad personal

con el doctor Leopoldo Baptista. Los únicos días de gobierno honorable que hizo Gómez fueron aquellos en que tan eminente hombre de Estado como Baptista dirigió la política nacional. Á él se debe que Hernández, Rolando, Riera y otros personajes de Venezuela rodearan al Gobierno. Á él se debe que al comienzo de Gómez no se practicaran las persecuciones que otros aconsejaban y á que Gómez asentía. Á él se debe que la familia Castro no fuera molestada, al principio, ni en sus intereses ni en sus personas. Cayó Baptista, á los pocos meses, por obra de intrigas no palaciegas sino rancheriles, porque Gómez después de haber traicionado á Castro traicionó á Baptista, y ya se conoce la historia del Beduíno y de los contratistas y especuladores que lo rodean. Apenas cayó Baptista, las cárceles se repletaron de presos, los contratos más cínicos salieron á luz, los monopolios más ruinosos se enseñorearon del Capitolio. Miraflores quedó convertida en una Bodega donde vendía la leche Gómez, el café Pimentel y llevaba los libros el insaciable Aquiles Iturbe.

Así fuí yo á la Secretaría de la Cámara, primero, y á la cárcel después.

Zumeta, entonces amigo y sostenedor del doctor Baptista, y que estuvo á pique de ir por eso á la cárcel, dirige hoy á Alcantarita. Él conoce la verdad con respecto á mí. Debía impedirle á su pupilo el que dicte semejantes calumnias.

Por naturaleza, por organización, por temperamento, soy rebelde á la adulación, inhábil para las genuflexiones, demasiado áspero y sincero para los acaramelamientos y ficciones del cortesano. Es una inferioridad que confieso. Pero mi pluma no se ha prostituído jamás. Nunca he loado á ningún déspota. Soy, si no el único, uno de los contados escritores de Venezuela, de quien no se recuerdan alabanzas para ningún Presidente de la República, no por abstención de la política, como es el caso de otros, sino estando mezclado desde muy joven á las contiendas partidarias. Á los dieciocho años, apenas supe escribir, abrí campaña, contra el continuismo y la usurpación de Andueza Palacio, antes de lanzarme á los campamentos en defensa de la legalidad. Esas primeras lanzas en pro de la libertad las quebré en muy honrosa compañía : salieron los articulejos en *El Carácter*, diario independiente que redactaban en 1892, en Caracas, Carlos León, Rafael M.ª Carabaño y Rafael Terán. Para entonces Zumeta escribía en *El Pueblo*, órgano oficial, sostenedor de la usurpación y Andrés Mata era empleado en el ministerio de Guerra y Marina. Ambos sostenían el continuismo de Andueza. Más tarde fuí enemigo de la candidatura de Andrade, porque ésta era una imposición del Presidente general Crespo. Zumeta, Mata y casi todos los jóvenes escritores que vivían en Caracas, redactaban *La juventud liberal*, periódico andradista. Mi nombre no figuraba allí. Yo era opositor del candidato impuesto. En cuanto ascendió al poder, Andrade me persiguió. Fuí á la cárcel, primero, y luego al ostracismo. Zumeta era entonces, en Nueva York, secretario del Consulado y sabe cómo yo me ganaba la vida en aquella ciudad dando lecciones de español.

Llegado Castro al poder colaboré en su gobierno, durante los cinco primeros años de aquella Administración. Castro era muy susceptible á la lisonja escrita y protegía á cuantos lo ensalzaban con la pluma, como tuviesen algún talento, — y á veces sin que lo tuvieran. La moda era el ditirambo, absurdo por exagerado, de que tuvo la culpa principalmente aquella fragua de lisonjas que se llamaba *El Constitucional*. Pues bien : yo desafío á que se busque una sola plumada mía en honor de Castro de que hoy pueda arrepentirme. No existe. No lo adulé. Y cuenta que lo admiraba, por ser un hombre extraordinario, por la inmensa cantidad de energías latentes en su alma, por su actitud con las Potencias, por su irreductible venezolanismo. Pero no lo adulé. Al contrario, cuando escribí sobre él, lo hice con mi acostumbrada independencia. El año de 1904, por ejemplo, regresé á Caracas de Europa. Se iban á practicar elecciones. El Gran Concejo Electoral, cuyo candidato para presidente era Castro, compuesto de los hombres más honorables de Venezuela en todos los órdenes de actividad social : el general Pulido, el doctor Baptista, el señor Herrera Irigoyen, don Carlos Zuloaga, el general Celestino

Peraza, etc. : me nombró secretario del Concejo. Entonces publiqué una hoja suelta con este título : *Votemos por Castro* y empezaba diciendo, lo recuerdo muy bien : « No hay hombres providenciales, como la adulación anda de diario pregonando; hay hombres útiles ». En ese tono continuaba. Aquello era nota discordante en el concierto de aduladores. Á Castro le disgustó la hoja. Para ese tiempo le habían quitado ya á Zumeta el Consulado en Liverpool; pero Andrés Mata redactaba *El* famoso *Constitucional*. En los últimos cinco años de Castro no fuí servidor de su gobierno.

Lo ocurrido después conmigo ya se sabe. El odio y las persecuciones del gobierno de Gómez serán el orgullo de mi vida. Los merezco.

Así es como yo he sabido adular á los poderos. Sólo en país tan corrompido como Venezuela se me puede equiparar á mí con esa turba de esclavos.

Sobre la ración de improperios y calumnias

en el cuerpo del librejo que Gómez ha hecho
imprimir en la imprenta nacional, ración
que me reparten como á Romero García,
Torres Cárdenas, Tello Mendoza, los Castro,
Pietri-Daudet, Mendible y otros, ha ordenado
Judas Capitolino que se me dedicase capítulo
especial. Así lo han obedecido los escritor-
zuelos de collar, y me ladran durante diez
páginas de calumnias y vituperios, ya que
no pueden morderme.

« El hombre de hierro », se intitula el capítulo
que me dedican. En él se afirma que mi nombre figura en un proceso por corrupción de
menores. Yo, en respuesta, declaro que nunca se me ha llamado á un tribunal para semejantes asquerosidades, escupo de nuevo
la cara del traidor mentiroso y de nuevo lo
desafío : que publique ese proceso. Allí, en
ese capítulo de difamación escrito quizás por
Mata, en venganza del prólogo á *Los cantos
de la prisión y del destierro*, y, capítulo de que
algún día me rendirá cuenta Gómez Iscariote,
se estampa... : « Su participación en las jor-
nadas de diciembre, — como si todo el mundo
no supiera que la tal participación se redujo

á aconsejar al populacho en prédicas desaforadas, entrar á saco las boticas de Thielen no se sabe á punto fijo si por vengarse de Tello, suegro y cómplice del holandés, porque don Tello siempre lo vió con desprecio, lo cual es un colmo... » Ya en la página 53 del *Dicterio oficial* se había impreso : « El 13 de diciembre de 1908 ese mismo Rufino que ahora escribe libros asesorándose con Tello, era el orador populachero que arengaba recomendando el asalto de la casa de don Ramón. » Ya no son las boticas de Thielen, sino la casa de Tello. Resumen é intención : que se anarquicen los revolucionarios.

Se refiere mi estancia en la cárcel. La pantera cuenta los estertores de su víctima, á quien tortura. « Pálido, trémulo, balbuciendo excusas que nadie le pedía; protestando del modo más grotesco su adhesión y lealtad al Presidente Gómez, comido del miedo en una palabra, llegó Rufino Blanco, el hombre de hierro de esta sencilla narración á la Cárcel Pública. » Esta prosa de hiena, haría el encanto de Nerón. Pero las víctimas tienen, cuando se escapan, derecho de palabra. En el prólogo de mis *Cantos de la prisión y del destierro*, refiero detalles de la cárcel, detalles que han granjeado á Juan Vicente Judas en los países de lengua española la celebridad que merece : la celebridad del oprobio.

En el *Dicterio oficial*, ese vomitorio de Gomecillo, sigue sonando mi nombre. En Maracaibo, como buen pederasta, me prostituí al poeta Dimas Ramírez. Ignoro si, como lo desea mi afecto, vive aún el admirable poeta de Maracaibo; si vive debe defenderse. Si no, que lo defienda alguno de sus camaradas: Udón Pérez, que tiene autoridad, por ejemplo.

Yo habité seis meses en Maracaibo, de los cuales la mitad en la cárcel. En cambio he pasado en Caracas toda mi vida. ¿Por qué no adujeron ejemplos caraqueños de mis prostituciones? ¡Imbéciles, dignos de la pluma juvenalicia de Morantes!

Y ya que de maracaiberos se trata quiero dejar constancia, una vez más, de cómo admiro á ese laborioso pueblo del Zulia, porción la más independiente y de más valor cívico en toda la República.

Durante los meses que desempeñé en Maracaibo la Secretaría general del Estado no conocí á ninguno de los intelectuales de aquella región, que tenían derecho á esperarlo todo de mí. Apenas caí preso corrieron, sin faltar uno, á la cárcel; entonces me manifestaron su afecto. De este número fué Dimas Ramírez. De ese número fueron Udón Pérez, Semprún, Rogerio Illaramendis, Butrón Olivares, José Augustín López, Sánchez Rubio, cien otros y los periódistas Valerio Toledo y Víctor Raúl Sandoval.

Gomecillo de Pasamonte me endilga otra andanada acusadora, por pluma de su asalariado intérprete y me acusa de plagiario.

« Ha compilado en un libro (*Cantos de la prisión y del destierro*) que es un centón de plagios, como todos los suyos, las procacidades y naderías que quiere sirvan de pedestal á su reputación política y su fama literaria. En Venezuela no habrá ciertamente quien reciba por buena esa moneda de mala ley. »

Ya sé que no la recibirán por buena ni por mala. Juan Vicente ha llevado el colmo de su desprecio por ese libraco hasta impedir su circulación en la República. No haya temor de que los venezolanos traguen gato por liebre.

Por lo demás, permítame don Juan Vicente — á quien uno de estos días nos pinta *El Universal* como habiéndose arruinado en el poder — que le asegure mi inocencia é inculpabilidad en punto á latrocinios. Mis manos y mi conciencia están limpias. Yo no me he robado ni un adjetivo. Gómez se equivoca. No fuí yo quien dispuso de las acciones de cigarrillos de Castro. No fuí yo á quien el general José Manuel Hernández dejó la mano estirada con un paquete de valores. No fuí yo quien se apropió los buques de Maracaibo. No soy yo quien mete contrabandos al Orinoco, en complicidad con José Ignacio Cárdenas. Yo no me llamo Juan Vicente Gómez.

Ahora para terminar, un consejo á Comecillo de Pasamonte, Alcantarita, Pimentel, Pacheco Bragueta y otras acémilas de Miraflores. Defiéndanse, cuando los ataquen, mejorando su conducta. Ya que no saben escribir no paguen escribidores. Los escribidores de alquiler por mucho talento que les supongamos, tienen, como en el caso actual, que esconder su nombre porque ese nombre es una afrenta y quita autoridad á lo que publican, ó bien, como en el caso actual, escriben sin amor, sin odio, sin interés intelectual y producen tonterías de más de marca.

Así, por ejemplo, en la página 33 del *Dicterio oficial* se lee, que cuando Castro se refugió en Colombia en 1892 lo acompañó Gomecillo de Pasamonte. Gomecillo vivía «protegiendo y auxiliando la inmensa oficialidad que estaba asilada... Por lo cual, siendo Gómez el protector de todos los que para esa fecha estaban asilados y siempre muy querido por todos ellos, se reconocía á Castro como Jefe...!!! »

Y si no comprendes el disparate, Juan Vicente, háztelo explicar por don Panchito que sabe de esas y otras cosas. A menos que sea el gazapo del propio don Panchito. En ese caso enviaremos á don Ramón Tello.

Supongo, amigo Pietri-Daudet, que á usted le habrá producido el *Dicterio oficial* la misma regocijada impresión que á mí.

Nuestra campaña de prensa ha puesto en evidencia á Gomecillo de Pasamonte y su alcándara de rapaces, bribones que están desvalijando á Venezuela. El país los ha visto del tamaño que son. La opinión los condena. El gobiernito de Caracas agoniza. Véalos, balbucientes y torpes, defendiéndose por medio del anónimo, porque ninguna pluma altiva los defiende. Otros harán la guerra; nosotros hemos realizado la revolución. Podemos estar satisfechos de haber cumplido nuestro deber.

NOVENA CARTA

La barbarie de Gómez
y la barbarie de los yanquis

∗

Paris, 20 de Febrero de 1912.

Señor D. A. PIETRI-DAUDET,
Director de *La Revue Américaine*,
BRUSELAS

Muy distinguido amigo,

Usted habrá leído en los periódicos, como yo y como todo el mundo, que el Señor Knox, Secretario de Estado de los Estados Unidos, se propone realizar un viaje por México, las Antillas, Centro-América, Venezuela y Colombia.

Este viaje, en vísperas de la apertura del canal panameño, y dada la creciente agresividad y la política absorbente de los Estados Unidos, es de mucha entidad. Disimularlo equivaldría á cerrar los ojos para no ver.

México, *revolucionado*, por la tortuosa ambición yanqui; Centro-América, *revolucionada é intervenida;* las Antillas, *intervenidas y anexadas;* Colombia, mutilada, y Venezuela, bajo la presión y la amenaza, ¿tendrán gusto en recibir al pretor de Wáshington, al representante de la Agresión, al ministro anexionista? Las condiciones personales del Señor Knox, por otra parte, no lo señalaban como el más aparente para esta visita del león á los conejos que despiertan su apetito. Tan áspero luterano une, á criterio estrecho y violento, mal encubierto desdén por la América Latina. Este último sentimiento respecto de nosotros le es común con la nación entera de los Estados Unidos. En efecto, sólo á diplomacia tan descamisada como la yanqui, movida por ese invencible sentimiento de desdén hacia nosotros que no puede reprimir, se le ocurre desafiar la opinión pública de la América Latina con tan extemporánea visita.

Por fortuna el Ministro de Colombia en

Wáshington, Señor Ospina, ha vuelto por el honor de su patria, que nos es caro y común á todos los hispanoamericanos, comunicando al secretario de Estado, Señor Knox, no bien supo oficialmente la noticia del viaje, que mejor le sería abstenerse de pisar tierra de Colombia. Allí, en verdad, bulle el encono por la arbitraria secesión de Panamá. Otros países, como México, Nicaragua y Honduras, si no exponen sus resentimientos, por tales ó cuales circunstancias, no los abrigan de repugnancia con menos intensidad. Á todos les será penosa la visita que se les infiere.

Pero donde esta visita va á tener consecuencias de más monta, probablemente, es en Venezuela, país en que no se puede ver á los yanquis ni en pintura, país que los ha combatido siempre, pueblo de tradiciones de fiereza y de altivez que lo han constituído en el Adelantado de la Independencia Sur-Americana; pero país gobernado, por desgracia, al presente por un hombre de sentimientos viles, sin más ideal que atesorar los millones que roba á la nación y dirigido por una camarilla no muy superior á él intelectualmente;

débil, cobarde como él, y como él capaz de·
vender la República por un plato de lentejas
ó para asegurar sus tesoros saqueados al
Fisco, ó en la vaga esperanza de que les
garanticen la impunidad contra la vindicta
del pueblo.

Es en tales circunstancias y á tratar con
tales hombres que va el Señor Knox á Venezuela.

¿No tratará de explotar en beneficio de
su país aquella barbarocracia temblorosa y
culpable que encontrará en el Capitolio de
Caracas? ¿Qué forma dará á las pretensiones
imperialistas de la República angloamericana? ¿Cómo introducirá á Venezuela dentro
de la zona de influencia de los Estados Unidos? ¿De qué medios se valdrá para esclavizar
á nuestro país?

Eso es lo que el porvenir nos va á revelar.

Por el pronto su tarea se facilita. Como el
anterior gobierno de Venezuela fué ultra-
venezolanista, patriota á sangre y fuego,
netamente anti-yanqui, el traidor y reaccio-
nario gobierno que lo sucedió no encontró
nada mejor sino prostituirse á los pies de los

Estados Unidos. Apenas se inicia, conviene aquel gobierno femenil en que reclamaciones yanquis, falladas por el árbitro holandés, Señor Barge, sean sometidas nuevamente á revisión ante el Tribunal de La Haya sentando un precedente que será fatal por cuanto mina por su base el arbitraje, haciéndolo irrisorio, cuando el fuerte no se beneficia con la sentencia. Después, ¿no proclamó Gómez, el traidor, en documento público de que él y sus mentores rendirán cuenta, que é, reconocía en Venezuela la hegemonía de los Estados Unidos?

No se pudo, entonces, ir más lejos en el sentido de traicionar á la patria. El señor Knox, es decir, los Estados Unidos, encuentran ya pavimentado el camino para sus ambiciones.

La barbarie vigorosa y agresiva de los yanquis triunfará, sin mucho esfuerzo, de la barbarie timorata y traicionera de Gómez.

¿Cuál será la actitud de la nación? ¿Se dejará entregar y conducir al matadero como una res de los potreros de Gómez? ¿Se someterá á la voluntad del *criador?*

Muy probable es que suceda lo que sucedió

en España con los franceses á comienzos del siglo XIX. El inepto Carlos IV, la disoluta María Luisa, el miserable Fernando VII y el favorito Godoy vendieron la patria al Extranjero. Pero ese gobierno de España no era España. El alma heroica de tan viril nación se irguió magnífica y España, inerme, traicionada, sola, entabló con los invasores uno de los más trágicos y brillantes duelos de la historia contemporánea.

Abre los ojos patria mía, no vayas á correr la suerte de España. Tú no tienes los recursos de esa tierra donde Pelayo inició una lucha de siete siglos; tu enemigo es más fuerte que Napoleón; los tiempos son otros. ¡ Abre los ojos, patria mía ! Tus cadenas pueden ser eternas.

No se crea que el Señor Knox, á pesar de su ingénita aspereza, irá como los tiranos de zarzuela, ojos, palabras y ademanes amenazantes, ni que llevará á su zaga acorazados ó ejércitos. El Señor Knox se presentará solo, cortés, zalamero, moderado, insignificante; será atento con todo el mundo; asegurará en algún discurso de ocasión que Venezuela es un gran pueblo y que los Estados Unidos no desean otra cosa sino su amistad. Los imbéciles quedarán satisfechos. Ahí comienza el peligro.

A la sombra de esa cordialidad presentará el Señor Knox un pliego de papel, un convenio de tres líneas, cuatro palabras, cosa de pura fórmula.

Esa es la fruta envenenada de los banquetes en la Italia de los Borgia.

El día que Venezuela suscriba ese convenio de tres líneas con los Estados Unidos, firma su pacto de esclavitud.

Ese día debe morir Juan Vicente Gómez.

Si el actual Presidente de Venezuela, obedeciendo á un propia vileza y á las sugestiones de alguno de sus mentores, acepta en cualquier forma el apoyo de los Estados Unidos, con menoscabo de la soberanía de la nación, el Presidente traiciona á la República.

Ese día debe morir Juan Vicente Gómez.

Pero si Venezuela se comprende vendida ó en vísperas de serlo y no levanta cien puñales sobre la cabeza del traidor y de sus cómplices, Venezuela no tiene derecho de vivir.

Ese día ha muerto Venezuela.

APÉNDICE

PRÓLOGO

AL LIBRO

« CANTOS DE LA PRISIÓN

Y

DEL DESTIERRO » [1]

A los ocho intelectuales
que arrostraron las iras
de la Bestia triunfante y
en altivo documento pi-
dieron mi libertad á Gó-
mez Iscariote :

*A Andrés de la Rosa,
Domingo Martínez, Leo-
poldo Girón, Luis Yépez,
Luis Correa, Emilia-
no Hernández, J. Silva
Díaz y J. M. Butrón
Olivares, —*

*Dedico este libro, de
donde surgen los dolores
que ellos quisieron evi-
tarme : este libro que
será un baldón para Ve-
nezuela mientras con-
serve en el cuello la pata
montaraz de la Bestia
que la mancilla, mien-
tras no lave su afrenta
en la impura sangre del
monstruo.*

R. BLANCO-FOMBONA.

(1) Librería P. Ollendorff, 50, Chaussée-d'Antin, París.

No creí poder, en muchos años, publicar
otro volumen de versos. No por desamor á los
versos, que este puro amor del canto, regalo
de hada buena, es oasis de mi inclemente ruta,
racha de música en medio de la noche, cauce
por donde fluyen pasiones buenas y malas, y,
sobre la nieve de los páramos, rayo de sol.
Leerlos es para mí regalo; escribirlos, libera-
ción. Pero no creí poder, en muchos años,
publicar otro volumen de versos, porque la
poesía, mujer al fin, es exigente; reclama espíritu que esté ardiendo ante el ara, como la
lámpara del Santísimo, constantemente, y
riñe con aquellos á quienes la vida demanda

otra suerte de energías, y aun suertes de energía antagónicas entre sí, ó que, cuando menos, dividen el ser en varios seres cada uno de los cuales, por un momento siquiera, absorbe al otro, y hasta lo nulifica. Eso me ha pasado. He sido como la tierra labrantía donde sembraron cañas de azúcar primero, hortalizas más tarde, y maíz luego, ó árboles de fruta ó café.

Tengo la culpa, en parte, por el anhelo de beber en todas las fuentes, subir á todas las cumbres, ceñir todos los lauros; sin el amor de la casilla, de la limitación chocante pero fructífera. Y es en parte la culpa de nuestro país, ó de su modalidad presente de civilización, según la cual todos los hombres deben servir para todo. Los espíritus poderosos impónense con igual señorío en varios órdenes de actividad humana. Llenan los cuatro puntos cardinales del horizonte con sus alas. Son paradigma del máximum de capacidad mental y física exigible ó esperable del hombre. Pero los mediocres fracasamos allí donde los excepcionales triunfan. Y los mediocres somos la incontable mayoría. En la encrucijada de avenidas por donde cruzan, á su amor, las botas de siete leguas, esteran el suelo cadáveres de liliputienses.

Cuento, novela, sensaciones de viaje, vida errátil, enamorada y en desorden no riñen con los versos. Mientras me circunscribí á estos quehaceres y pasatiempos, engañando la espera de Aquélla que siempre ha de venir, compuse y publiqué versos. Pero inmiscuído más directamente en la espeluznante democracia criolla, resuelto á ser no sólo uno de los que opinan, sino uno de los que imponen sus opiniones, la atención fué urgida á parar é inferir golpes en la arena. Y mal puede una atención vigilante pagarse el lujo de una contemplación ni el vagueo de una mañana lírica para robar un beso y acariciar el caliente y joven seno á las Piérides. Además, cuando hubo tiempo no fué para cantar sino para cubrirme ojos y manos con el vetusto polvo de bibliotecas y de archivos, en la empresa de asomarme al pasado, ver á los héroes patrios del tamaño que son, asistir á las noches en que nuestros patricios, las sienes en las manos, á la luz de mezquina lámpara pensaban en nosotros, y á aquella aurora de tormenta racial cuando nació, hija del Vigor y la Libertad, la América boliviana.

Un día caí preso, que las opiniones se pagan entre bárbaros al precio de la libertad y aun de la vida. Preferí lamer ladrillos de mazmorra á patas de tiranuelo bestial. Y en el ocio compuse versos. He vuelto á ser poeta. El odio me ha hecho cantar. De la cárcel, primero, unos, y del exilio después, los restantes, surgen estos poemas. Por eso los titulo: *Cantos de la prisión y del destierro.*

II

Un día el caballo de Calígula, puesto en el trono por la demencia de César, en rasgo de desdén hacia los hombres, le disparó un par de coces al amo, que cayó boca arriba. Desde entonces imperó el caballo de Calígula, y no se oyó voz humana sino el relincho de la bestia triunfante. Los antiguos proxenetas del César rodearon el trono del cuadrúpedo sobre cuyo lomo habían antes chasqueado la fusta. El olor del estiércol llenaba el palacio de Judas Equino, y la República se convirtió en los establos de Augias. Pero Hércules había muerto. Su clava era ponderosa en demasía para las manos cubiertas de sortijas de los andróginos, ó para las manos sin vigor de los eunucos; la piel de tigre, rubia y mosqueada, abrigo rudo para las carnes papandujas de genízaros hermafroditas, como aquel cobardón y grasiento de Francisco Linares Alcántara, á quien apodan *Alcantarita*, que tiene alma, formas, veleidades y vicios de mujer (1).

Todos desearon congraciarse con la Bestia. Imaginando qué ofrendas venusinas serían gratas á Judas, como antes aceptas á César, los antiguos rufianes fueron más allá de todas las complacencias imaginables. Pero la Bestia

(1) Alcantarita, ó sea Judas junior, no ha sido fiel en su corta y perversa vida más que á su nombre. Alcántara significa, en árabe, puente. Por eso, fiel á su nombre, permite Alcántara que todos le pasen por encima. Es, de veras, un hombre público. Gómez lo ha calado. Estaba, además, por sus rufianerías, calificado para Ministro de lo Interior.

10.

rechazaba semejantes tributos. Judas Equino
no era un voluptuoso. El jifero de antaño, el
mozo de cuerda, el pesador de carne compa-
recía en el Presidente. No quería amor sino
dinero. Los mercaderes de hermosura, que
tanto medraban en tiempos más propicios á
Venus, cerraron sus bazares de Oriente, des-
hechos de su blanca, rosada ó morena mercancía. Judas Capitolino carecía de acidalias
flaquezas. No era un Lovelace sino un Harpa-
gón. Su sed de oro fué dipsomanía. Los proxenetas se trocaron en corredores. Mercurio tuvo
altares. Los alcahuetes asociáronse al antiguo
matarife; y el primitivo expendío de carne de
Juan Vicente Gómez se convirtió en la Casa
mercantil de Judas y compañía. Sólo que
aquella alhóndiga ó almudena era la República. Y en la casa de Gómez Iscariote, Judas
junior y compañía, practicará la avaricia los
negocios más cínicos, las compras y ventas
más tenebrosas, los bursatilismos más bizcos;
en aquella subasta ó almoneda todo se ven-
derá, hasta el honor de la tierra, porque Gómez, sus acólitos, sus lazarillos, toda su corte
de antiguos proxenetas de Castro, no recono-

cen ni admiten óbice en el propósito de atesorar, á toda carrera, en la incertidumbre del mañana, extrañados de su permanencia en el Capitolio y temiendo á cada noche amanecer con el lazo corredizo de la justicia popular al cuello. Semejante Gobierno, surgido no del sufragio popular sino de vil traición, carece de programa, carece de ideales, carece de partidarios, carece de crédito, carece de todo; y se ha convertido en campamento de gitanos, en aduar de las kábilas del Riff, en correría de bandoleros del Yemen, las manos depredadoras, la espingarda en puntería, el caballo con jaez, prontos á desvalijar, prontos á sacrificar, prontos á correr. Por eso la virtud es un crimen, el silencio tesoro de eunucos, el aplauso granjería de serviles, y la voz del patriotismo se apaga en las mazmorras, y la pluma se quiebra en la mano de la altivez, y la hombría de bien que no muere en las prisiones agoniza en el destierro.

Sobre de una avaricia épica digna de Gobseck, el judío de Balzac, es el Tártaro jesuíta instintivo, hipócrita sin parangón. Tartufo es el nombre de este Iscariote. No

quiso lágrimas ruidosas de doncellitas viola-
das, sino de esposas, madres y novias de
virtud, á cuyos maridos, hijos y novios hiriera,
recatado en la sombra, por trascorrales.

Por eso persiguió á hombres de honor, sus
adversarios.

Y aquel bárbaro que pudo alcanzar cuanto
quiso, quiso una cosa que no pudo alcanzar :
quiso no tener miedo. Juan Vicente Judas
ó Gómez Iscariote tiembla al anochecer, ve
puñales detrás de cada puerta, bombas de
dinamita bajo la cama, polvos de estricnina
en el salero y nudos corredizos en las más fieles manos. No come, no duerme, no vive sino
en temblor agónico descubriendo conspiraciones imaginarias. Dos de estas conspiraciones
productivas las han fraguado su Ministro del
Interior y su Gobernador de Caracas para
tenerlo en un puño, los cabellos erizados,
muerto de miedo, pendiente y dependiente
de ellos dos.

Judas, presa del pánico, persiguió á los
hombres de acción.

De perseguido, por un proceso que conocen
los alienistas, se ha cambiado el Beduíno en

persecutor. Su paranoia lo condujo á ensañarse con cuantos no lo seguían, los ojos bajos, ni le hablaban sin temblor en la voz, ni escribían sino la verdad.

La dignidad, la varonía y el pensamiento fueron perseguidos. Yo caí preso.

III

De la incapacidad mental de Judas Equino, y de la circunstancia de que el último que habla con él le hace mudar de opinión, deducen muchos que es irresponsable, por cuanto no representa sino la Bestia coronada, el idiotismo en el Capitolio.

Esto no es verdad sino á medias, porque Juan Vicente Gómez no es el cretino que se babea y obedece cuanto le ordenan, sino el pícaro que simula sumisión para acometer á mano salva.

Pero en rigor de justicia no es Gómez exclusivo culpable. Repártase la ignominia con equidad, á como toque, entre el capitán de la

banda y la muchedumbre de perversos que lo
zuza y asesora. Cúlpese, en primer término
á los fraguadores de conjuras y á los delatores
de que se valen.

Entre estos delatores me toca á mí des-
enmascarar á dos : Rafael Mata y Andrés
A. Mata.

El Tártaro enseñó á mi hermano, el general
Oscar Blanco-Fombona, aunque no le permitió leerlo, un documento firmado por Rafael
y por Andrés Mata donde ambos me acusaban
bajo su firma — bajo firma á exigencia de
Gómez — de algo muy grave que yo no había
hecho y que iba á purgar, no obstante, con
cárcel y destierro. ¿Cuál era este crimen cometido por mí, este crimen atroz que tan caro
expío? Algún día, quizás, lo sabré.

Entretanto, no me queda sino afrontar con
entereza un destino adverso y devorar en
silencio y dignamente este dolor inmere-
cido.

Cuanto á los delatores, delatados á su vez
por Juan Vicente Judas, que esclarezcan el
asunto, que se sinceren. Les va en ello, no ya
el honor, de que carecen ambos, ni la estima-

ción social, de que no gozarán nunca, sino la tranquilidad en lo futuro.

— ¿Pero quiénes son tales reptiles? — se preguntará.

Á esa curiosidad, muy justa, voy á responder.

Rafael Mata es un mulatico barrigón, de greña enrevesada y bemba túmida, antiguo sirviente de oficina telegráfica, después telegrafista, que llegado á Caracas resuelto á todo resolvió casarse con una.. . . . . . .

. . . . .manceba. . . . . . .

. . . encantos marchitos. . . . .

. . . . .dinero . .

. . muladar . . . .

Después, el viento de la fortuna le ha soplado al bribón. Protegido del señor Valarino, jefe del telégrafo en tiempo de Castro, lucró de lo lindo introduciendo contrabandos entre los útiles del ramo que se pedían al extranjero constantemente, y que libres de impuestos y verificaciones de Aduana, llegaban á manos de aquel sollastre á quien se cometía en la Oficina Central desembalaje, almacenaje y distribución. Apenas cayó Castro, pagó un periódico para que lo injuriasen. En cuanto á su conducta para con su protector Valarino, baste saber que Valarino murió aborreciéndolo y dándole de ingrato, y que los hijos de Valarino no lo pueden ver ni en pintura.

La historia es breve; pero edificante.

La de Andrés es más larga. Éste es aquel poetilla cuyo nombre figura al pie de versos imitados de Núñez de Arce y Díaz Mirón pero que se parecen á los de estos maestros cantores como las lagartijas se parecen á los caimanes. Son los de Mata versos de repartición de premios, vacíos y palabreros; magníficos para periódicos rurales, donde tienen gran éxito; poesía de turbamulta; oratoria de borracho pueblero el día de elecciones. Sino que Mata asume en verso actitudes de virilidad y de altivez cuando en la vida es el más abyecto de los esclavos y el más capón de los eunucos. Yo he escupido su negra cara; le he abofeteado con mis manos; le he zarandeado hasta barrer el suelo con su adulona boca, en plena plaza Bolívar de Caracas, á las cinco de la tarde, en presencia de todo el mundo. Al día siguiente recibí una carta suya, que conservo, una epístola de quejumbre. Se lamentaba de que yo hubiese estado la víspera « un poco violento », y, jurándome respeto y afección, suplicaba mi amistad.

Caracas entero sabe estas cosas y sabe cómo yo los trato allá á él y á sus similares, que no me escuchan sino pálidos y trémulos, y no me dirigen la palabra sino para lisonjearme, ni escriben mi nombre sino para coronarlo de flores y ponerlo sobre los cuernos de la luna.

Este Andrés Mata, parido en lecho afrentoso, *naturalmente*, ha tenido la ignominia desde la cuna por compañera. Unido en matrimonio con mujer blanca y bonita, que por despecho casó con él, su hogar fué posada de la juventud, en donde si no buena mesa encontrábase prevenida siempre buena cama. Todos pasamos por allí, todos. Y todos contribuímos á darle un heredero al emasculado. Sino que pronto la posada cobró crédito. Se internacionalizó. Vino á parar en prostítulo de Cosmópolis. De Santo Domingo llegó Fabio Fiallo; de Italia, Bartilozzi; de España el torero Faico. Un día Mata encontró á su mujer en los brazos de Fabio Fiallo. Se puso furioso: pidió el almuerzo á gritos (1). Otro día tocó á la casa de Andrés Mata un hombre afeitado, á quien Mata conocía muy bien. El alcarrán de marido salió á abrir.

— ¿Qué desea el señor? — preguntó.

Y el que llegaba, repuso :

— Vengo por María Teresa.

— ¿Qué está usted diciendo? ¿Quién es usted?

— Estoy diciendo que vengo por María Teresa y soy el espada Faico.

Mata creyó, de seguro, que aquel bárbaro, hecho á habérselas con toros, no respetaría grandor de cuernos maritales, así fuesen enramados como los de Acteón.

Y se quedó perplejo.

De su perplejidad lo sacó María Teresa, la esposa del cornudo, disponiéndose á partir.

— ¿Te vas, María Teresa? — lloriqueó Andrés Mata; — ¿te vas? ¿Me abandonas? ¿No me quieres?

— Ni te quiero, ni te quise nunca; sino que

(1) Fabio Fiallo, tan caballero como siempre, niega la historia y se encoleriza cuando la refieren. En Caracas sabemos lo que valen estas negaciones que no le devuelven honor á Mata, pero que honran á Fiallo.

te desprecio porque te conozco. Yo no nací para ti. Me voy con ese hombre, á quien amo, y que es un hombre de veras.

El torero cortó brutalmente el diálogo :

— Anda pronto, María Teresa. A éste déjalo quieto. Él se conformará. Vamos, sal.

Y María Teresa, obediente, calló y salió.

Así abandonó su esposa á Andrés Cornelio Mata.

Después, ¿qué hizo el minotauro sino cantar sus cuernos, llamarla traidora en malos versos y explotar la compasión que inspira á los incautos? Su desgracia ha sido su negocio. Si de alguno entre nosotros puede decirse que ha vivido de su cabeza, es de Andrés Mata.

Esto cuanto á su valer como ente social. Por lo que respecta á la política, en cuyos obscuros fondos medra, se le tiene por lo que vale: por un mediocre y barato gacetillero de alquiler. No se codea con los personajes que adula, como no alterna el *valet* con el señor á quien sirve : Andueza no lo conocía; Crespo jamás lo recibió; Andrade no dejaba mancillar los umbrales de su honorable hogar por el pedigüeño cambujo; á Castro no lo vió nunca sino

de lejos; á Gómez quizás le estrechó la mano
por la primera vez cuando ocurrió á delatarme.
Su puesto, como su origen, es penumbroso;
sus ambiciones se reducen á recibir órdenes
y mendrugos. ¡Qué abnegación la de esta
alma de siervo! ¡Pasar la vida de hinojos,
limpiando con la lengua las ajenas orduras, y
no haber sido ni siquiera Diputado y no disponer de cien pesos! Pero el servilismo de
este turiferario es una vocación. Anda por
esas calles con la sonrisa en los labios y el aga-
sajo presto buscando á quien adular, no por
espíritu bondadoso, no, sino para hacerse tolerar, en muda y cobarde súplica de que no lo
aplasten con el pie. Cuando puede causar daño,
tras el seguro del anónimo, ó prevalido de un
protector ó á distancia, nadie con más veneno,
nadie de maldad más gélida; pero aun entonces
solicita su alma disciplinada la aprobación
de los superiores y su espíritu mercenario
calcula el beneficio. Si se aíra contra el mandarín es cuando cesa el mandarinato. Si
embiste contra el incensado de ayer, es
cuando el incensado de la víspera cae de la
cumbre. Sus cóleras las reserva para los ven-

cidos; sus insultos para los presos; sus iro-
nías para los desterrados. Todo, por supuesto,
de orden superior, porque en esta alma tan
vil ni el amor ni el odio son sinceros.

¡ Qué destino tan triste el suyo ! Perro que
ladra al que no reconoce por de la servi-
dumbre, caballo de alquiler que arrastra el
carro de la basura, cóprida cucaracha que
demora y se place en pestilente letrina, eso
es y no más aquel infeliz. Sólo en la existencia,
sin amor, sin amistad, sin estimación; royendo
amarguras; agriado por el fracaso de su vida
en letras, en política, en sociedad, en todo,
sin más consuelo que escarbar con los cuernos su abandonado lecho de cónyuge, el corazón de Cornelio Mata se ha convertido en tene-
brosa alcantarilla, donde cualquier sentimiento noble perecería asfixiado por los pútridos
miasmas que de aquel albañal se exhalan.

Sus tijeras buscan por movimiento natural
alas ajenas : nadie debe volar sino arrastrarse;
su risa hiela, como ducha glacial, los más férvidos entusiasmos : nadie debe sentir amor,
odio, sino pasiones reflejas y pagadas. Él
opina del sacrificio de Ricaurte en San Ma-

teo : «invención de Bolívar»; de la admiración de Byron por el Libertador : «las cartas son apócrifas»; de la virtud femenina : «á otro perro con ese hueso»; de la honradez política : «se quiere vender caro».

Tales son Rafael y Andrés Cornelio Mata, mis delatores.

IV

La casita donde habito en Caracas demora casi al pie del Ávila. Á su frente se yergue, tras de una tapia descascarada, una linda acacia que asombra acera y arroyo y cubre la calle, por julio, de corolas carmesíes; al fondo tiene un vasto jardín; en sus balcones se engarzan brazos floridos de trinitaria, y no lejos, hacia el sur, corrido de su presente inopia, deslízase furtivo, bajo un puente, el Catuche.

Sus balconcetes dan al Oriente. La primera visita es la visita de la aurora. Y con la aurora llegan, insinuándose, los efluvios de rosas, malabares, violetas, heliotropos y nardos del lindante vergel. Se escuchan, fuera, las cornetas de un cuartel cercano; dentro el alborozo de los canarios que saludan el sol, y los pisares claudicantes de la vieja Petra que escalera arriba adelanta á disponer el desayuno.

Me basta abrir un balcón que da hacia el sur, y desde el escritorio diviso la ciudad, mi Caracas nativa, esa Caracas tan hostil y tan amada, bajo cuyo cielo azul y en cuyo tibio ambiente deseo exhalar el último suspiro, bajo cuyo suelo fragante y moreno deseo dormir, cuando suene la hora, el sueño último.

Y sentado á ese escritorio, una mañana — era el mes de Setiembre de 1909, — acicalaba con amor una página añeja de historia, la pintura de costumbres, trajes y muebles de aquellos emperifollados abuelos que en la flor de los años iniciaron, el 19 de Abril de 1810, la revolución de Hispano-América... Una pareja de polizontes hizo irrupción.

—El prefecto — se me informó — desea que usted pase á la prefectura.

— Un momento, — respondí. — Voy á vestirme. Al punto estaré allá.

Viendo que no partían sino que me esperaban, pregunté, ya caviloso :

— ¿Pero es que debo ir con ustedes?

— Sí, señor.

— Entonces ¿prisionero?

Me dieron á entender que así era.

Quedé suspenso. ¿Por qué se me prendía?
Distanciado del Presidente Castro durante
los últimos años de su gobierno, mal podía ser
por castrismo militante. Entonces, ¿por tratar
de que la traición beneficiase á la República
y no consistiese en mero cambio de figuras
decorativas? Tal vez. Secretario de la Cámara
de Diputados, me opuse, dentro de mis
modestas atribuciones, á los Protocolos con
los Estados Unidos; al entonces reciente contrato con el Cable francés, celebrado en condiciones desventajosas para Venezuela; á la
irresponsabilidad constitucional del Presidente, y á que se le concedieran á Gómez facul-
tades extraordinarias, porque no creí que
debíamos salir de una autocracia para crear
una dictadura. Juan Vicente Gómez, sin
embargo, me había ofrecido cargos diplomáticos en el extranjero — directamente y por
medio del Doctor Leopoldo Baptista,— cargos que yo no quise aceptar, entre otras razones, porque necesitaba el vivir en Venezuela

para terminar la obra de historia americana que estaba escribiendo y para la cual votara el Congreso 20.000 bolívares (1).

Sobre mi escritorio estaba, además, viendo un nema con las armas de la República. Era una tarjeta de Gómez. El Presidente me citaba en Miraflores para la tarde de ese pro·pio día. ¡Ah, traidor !

Tal orden de prisión, pues, me dejaba perplejo. Todo aquello me pareció cosa de burla. Acercándome á mi hermano Héctor, no menos extrañado que yo, le dije :

— No me entrego preso. Baja y ábreme la puerta del jardín.

Pero mi hermano Héctor reflexionó :

— Eso no puede ser sino cosa momentá-nea. Algún chisme. Huir es declararte culpable.

En ciertos momentos, uno toma el camino que le indican.

Escribí una carta á Gómez Iscariote en donde protestaba inculpabilidad y me entregué prisionero. Los corchetes llamaron un coche y partimos. Me permitieron que entrase

(1) De más decir que Gómez no quiso pagarme y no me ha pagado tal suma. Así respeta él las decisiones del Cuerpo Legislativo.

al despacho del Gobernador. Éste se quedó
sorprendido. No sabía una jota. Libró órdenes
para que se me pusiera en apartamiento, sobre
la calle, donde viera luz, cielo, monte, la vía
pública, la gente, y donde pudiera estar solo,
á mi guisa, leer, escribir, sin veinte espías al
pie. El Doctor Carlos León, Gobernador
entonces, hombre de bien y de seso, abogado
y caballero, caería en desgracia él mismo
pronto. Le sucederá un asno lúgubre y omnipotente, el improvisado y obscuro Pacheco,
sin otras credenciales para figurar en política
sino las credenciales de la bragueta, casado
como está con una hermana de Gómez; y
apenas el botocudo Pacheco Bragueta llegue
á mancillar la ciudad, gobernándola, me arre-
batarán el aire, el cielo, el sol, la calle, la
gente, y me sumirán en antro infecto : en la
Rotunda.

V

La Rotunda es el nombre que se aplica, por
extensión, á la cárcel de Caracas. Debe su nombre á su forma, ó con más propiedad, á la estruc-
tura de sus dos más crueles departamentos.

Figuráos un cuadrilátero de ochenta metros por cara, separado por un muro, en la parte que mira al norte, de aledaño cuartel. Figuráos en el centro de aquella vastedad, que es la prisión, dos fortalezas de mampostería, redondas, eminentes, distanciadas entre sí por un patio largo y angosto. Á cada fortaleza sirve de acceso un pasadizo, con, sobre el patio, sendas rejas. Son cárceles dentro de la cárcel.

La una, llamada rotunda vieja, sirve para redil de criminales; la frontera, la rotunda por antonomasia, es el antro en donde sumen gobiernos de arbitrariedad á sus opositores. Penetrad en la rotunda y os creréis en el fondo vacío de una cisterna. Veréis arriba una azotea como el brocal de un pozo; y que por el brocal deambulan al sol, ó juegan á los naipes y á los dados, ó discurren con ojos de vigía, soldados de la guardia custodia.

El patio de la rotunda es circular. El corredor, entre el patio y los calabozos, circular. El balcón del primer piso también circular. De suerte que no hay nada que no se divise desde cualquier punto del orco. Todo da idea de la fuerza brutal que os estrangula : las paredes tan macizas, los pilares tan altos, las verjas de hierro.

En los muros, de curva reentrante, los colabozos — lóculos en arco, sin puertas, á manera de hornacinas, — abren sus fauces de cal y canto en constante bostezo de hastío. El chorro de agua de la pila es el único espectáculo de vida ante aquella monotonía de paredes blancas de cal y la inclemencia del cemento romano. Los presos han sembrado en latas de kerosene algunas matas ó hierbas medicinales : saúco, hierbabuena, culantro, simaruba; y algunas flores : amarillos claveles de muerto, campanillas azules, capachos de un rojo detonante : la bandera ... Pero todo aquello es melancólico y desabrido. En la cárcel hasta la alegría es un poco triste. De vez en cuando alguna araña tiende su red entre las matas. Aquel espectáculo sirve de distracción y es objeto de profusas disertaciones y hasta motivo de riñas. Todo obra del hastío.

Á cada celda en la planta baja corresponde otra celda en el piso de encima.

Aquella prisión de muros loculados parece más que otra cosa un palomar.

Á la entrada de un calabozo, bajo el arquito de acceso, póngase un hombre en jarra y con ambos codos tocará las paredes; pero como el embudo va ensanchándose á medida que se penetra, ya en el extremo, á dos y medio metros del umbral, no alcanzará los muros con los brazos en cruz. Al fondo, empotrada en la pared, á un metro ó poco más de altura, una tabla sirve de cama á los que no tienen catre, y á todos de rinconera, consola, aparador, mesa de noche, mesa de comer, baúl, escaparate, estante, etc. ¡Cuántos allí han dormido, allí han enfermado, allí han muerto ! Más parecen jaula de fieras aquellos habitáculos que no morada de hombres. Y alguno de semejantes cubiles, en aquel palacio de infortunio donde tanta altivez se ha mordido los puños de rabia y de impotencia, iba á ser albergue mío durante un año porque dos delatores se habían acercado á la oreja de un déspota y habían susurrado palabras malévolas y calumniosas.

VI

La Rotunda no es precisamente un *Palace
Hotel* con perspectiva sobre el azul y riente
Mediterráneo; ni un *chalet* suizo, á medio
alcor, con panorama de villas y de lagos, entre
pinedas de gráciles y olorosos pinos; ni una
casita de campo con sus gallinas y sus vacas
entre los verdes cafetales del Trópico. Es
lugar de suplicio. Pero acrecen el amargor que
acibara nuestras horas reclusas la conviven-
cia obligatoria con seres de nuestras antípo-
das morales, y la condición de cosa á que uno
queda reducido. Un isleño de Canarias llamado José Rodríguez, preso por robo, y después otro procesado, sustituto de Rodríguez
en la cabiduría ó cargo de cómitre, nos tole-
raban ó no, á su guisa, la más insignificante
y natural de las acciones humanas. Pero la
cohabitación es la más lancinante espina de
aquella corona de oprobio. Jamás gozáis

ni siquiera la relativa independencia compatible con la prisión : no podéis ni comer, ni lavaros, ni vestiros, ni caminar, ni leer, ni dormir sin el ojo de curiosos desobrados que comentan vuestra conducta y la lengua de los espías que acota y trabuca vuestra vida. Los espiones son capaces de forjar las fantasías más siniestras, de convertir un grano de arena en montaña y una gota de agua en el mar, á trueque de mostrar celo y congraciarse con el Alcaide.

Era el Alcaide que nos cupo en suerte indio bestial, antiguo y célebre asesino de alquiler, un Sparafucil de los Andes, enemigo de todo el que fuera blanco y supiese leer y escribir. Se llamaba Marcial Padrón. Había, de jovenzuelo, robado una custodia y asesinado á la vieja que lo denunció. Desde entonces engrosó la pandilla de una suerte de Musolino venezolano llamado Rafael Montilla. No pagaba servicio ni inspectores de cárcel, sino que nos hacía atender y vigilar por presidiarios. Estos galeotos eran nuestros sirvientes y nuestros espías. También eran nuestros verdugos. Y aquellos penados podían tole-

rarse con los presos políticos toda suerte de
desafueros. Es más : al que por temperamento
no fuese un atormentador, una avispa de
aguijón ponzoñoso, el piel roja lo llamaba á la
Alcaidía, y luego de reprenderlo con dureza lo
mandaba en castigo á la rotunda vieja, al
presidio, donde el castigado echaría de menos
su vida holgazana y regalona — bien comido,
bien vestido, y aun con dinero de propinas —
de la rotunda nueva. Aunque no fueran ladrones y asesinos de profesión, seleccionados por
aquel araguato cobrizo entre la hez de la
cárcel, sino ángeles y serafines del Empíreo
obrarían « los ordenanzas » como obraban,
para no incurrir en las iras de aquel indio tan
cobarde y tan feroz. ¡ Cuántas veces lo vieron,
arremangado el labio con pálida sonrisa de
hiena, el tabaco en los colmillos, los micros-
cópicos y capciosos ojos entornados de pla-
cer, en una silla de cuero recostada contra la
pared, mientras se propinaban de orden suya
cincuenta, cien y hasta doscientos azotes
á algún pobre negro recluso que quedaba
expirante ! Así apresurábanse « los ordenanzas », como allí se les nombra por eufemismo,

á espiarnos acuciosos, á alborotar la prisión
con enredijo de cuentos, á objeto de que los
presos, desavenidos, desconfiaran unos de
otros y no se trabasen de amistad. Sparafucil
Padrón, receloso y alebronado como todo
asesino, podía ya dormir tranquilo después
de haber dividido para reinar. Nos atormen-
taban los malandrines con ingenio siempre
fértil. Era necesario complacer al monstruo.

Yo fuí su principal víctima. No los culpo;
es más : los perdono. Perdono sus insultos;
perdono su saña; perdono su injusticia; perdono que me abrevaran de amargura durante
el día y que me impidieran dormir durante la
noche; perdono que se lavaran las manos en
el agua que yo debía tomar y que empuer-
caran los alimentos que yo debía comer; perdono que me calumniaran ante el Juez, pin-
tándome como el más tenebroso bandolero;
perdono que no tuvieran respeto á mi infortunio, á mis grillos, á mi juventud en desgracia, á mi vida en manos de la barbarie, á
mi impotencia, á mi dolor. Los perdono. Los
compadezco y los perdono. Ellos no son capaces de comprender sino las torturas físicas.

Ellos no saben lo que es dolor. Los perdono.

Á quien no perdonaré tan fácilmente es á Sparafucil Padrón y á Juan Vicente Judas. Esas cuentas se arreglarán. No hay plazo que no se cumpla. Ya mi vida tiene un objeto : cobrarles. Pero no : yo no puedo consagrar mi vivir á cascar liendres. Sobrará quien se encargue, por cuenta propia, de poner en la diestra de ambos monstruos el óbolo de Carón.

VII

Mi hermano Oscar, Comandante á la sazón de La Guaira y del Litoral, fué un día á Caracas y le dijo á Gómez, en dos platos :

— Ó usted pone en libertad á mi hermano ó yo renuncio. Me es imposible servir á un Gobierno que nos persigue.

Iscariote juró sobre la cabeza de sus hijos que me libertaría el 1.º de Enero (1910) y me lo participó por medio de comisionado especial. El 1.º de Enero no obtuve libertad.

Gómez, una vez más, faltaba á sus compromisos y traicionaba la fe en el honor de su palabra. Poco después mi hermano separóse del cargo militar que ejercía, y el odio de Gobierno contra mí ya no reconoció límites.

Aunque vigilado constantemente, me comunicaba, á pesar de todo, con la calle, como la mayoría de los presos. Yo hacía conocer los atropellos de que estaba siendo víctima. De fuera me respondían que soportase hasta agua caliente porque el Gobierno buscaba ocasión de revivir el proceso de Río Negro, merced al cual, con un poco de buena voluntad que no faltaba y algún juez sin escrúpulos, podía pudrirme en la prisión. Alcantarita, en efecto, había pedido el expediente á Ciudad Bolívar. Sino que consultados algunos juristas de Caracas respondieron á Pacheco Bragueta, Gobernador del Distrito Federal y al Ministro del Interior, el rufianesco y lardáceo Alcantarita :

— Sobre que jurídicamente, aquel es asunto legalmente concluído, resucitarlo será, desde el punto de vista político, un escándalo inútil y crear un problema que no existe.

Imposible declarar ahora *sub judice* á un hombre que ha firmado la Constitución vigente sin que nuestra Constitución se vicie de nulidad y venga abajo, lo que no es, de seguro, la mente del Ejecutivo.

Este argumento me salvó. Entretanto se introdujo en la Rotunda á un tal César Ibarra, andino, preso en otro departamento por haber estuprado á una niñita de nueve años, hija del señor Fernando Molina, por haber asesinado á éste y á un joven Pesquera Vallenilla y por robos cometidos en San Fernando de Atabapo. Se le introdujo en la Rotunda con el único propósito de que me mortificase. Este asqueroso criminal se complacía en tocar á la puerta de mi colabozo, en son de burla, un pito; y repetía con ardor la tocata cada vez que yo salía fuera. Toleré cuanto pude, lo indecible, lo increíble, lo que no hubiera tolerado el más cristiano. Tanto, que los presos me tenían por el ser más cobarde, y me lo dejaban comprender. La mansedumbre, sin embargo, tuvo límite. Un día sacudí un par de bofetadas en el trompudo hocico al miserable, que se puso á tem-

blar, olvidando su papel de buscarruidos y
su reputación de matachín. Yo temblaba á
mi vez por las consecuencias de aquel par
de mojicones. El instinto no me engañaba.
Fuí confinado á una celda en el piso alto; se
tapizó el hueco del arquito con una cortina
espesa, y ya quedé para siempre, para siempre, sin ver á nadie, sin conversar con nadie,
sin aire casi que respirar, casi sin luz, te-
niendo por todo ámbito dos y medio metros
de habitación, por todo cubierto mis dedos,
por toda distracción el hastío, por toda vista
la de aquellos silenciosos escuchas que, de rato
en rato, alzaban furtivos la cortina é introduciendo la cabeza inquisitorial me echaban
un ojazo.

Así trascurrieron meses. Allí quedaré todavía cuando sean los demás presos libertados;
y quedaré peor : con un par de grillos, porque
mi largo infortunio anda lejos de su término.

Enfermé : no se me permitió médico ni
medicina. Á la postre, más que malucho,
enviaron dos facultativos oficiales. Si receta-
ron cosa no sé : ni me libraron ni se me toleró
comprar medicamento alguno. Procurábame,

empero, á precio de oro y por conducto del ordenanza, bien sulfonal ú otros narcóticos. Sólo merced á hipnoles conciliaba el sueño.

Rato después de partidos los galenos presentóse el Alcaide en mi cubil, el aspecto compungido, la voz melosa, lleno de solicitud, y valiéndose de hábiles circunloquios me participó cómo, según los médicos, tenía yo tamaña aneurisma en la aorta; que procurase evitar impresiones fuertes, no exasperarme, ni toser, ni menos practicar esfuerzo alguno porque me podía quedar muerto en el acto.

¡Miserable! Al principio lo creí. No conocía aún el fondo protervo de aquella alma. Érame imposible suponer tales refinamientos de crueldad.

Al día siguiente, muy de mañana, allegóse á mi celda el famoso Godoy — aquella esfinge que hace cuarenta años vive del dolor ajeno, con carácter de carcelero. Y el famoso é inexcrutable Godoy, venía á participarme que me dispusiera á partir para el Castillo de Maracaibo. Es necesario ser venezolano, vivir bajo el nuevo régimen andino que ha retrotraído el país á la Edad Media, para comprender lo que esto significa y cuál sería mi impresión. El Castillo es, sencillamente, la antesala de la tumba. Allí acababa de morir el Doctor Leopoldo S. Maldonado, quién semanas atrás, fué nuestro compañero de infortunio en aquella propia Rotunda, y había salido de la Rotunda para el Castillo, junto con los diaristas Arévalo González y Flores Cabrera (1).

No tenía aneurisma; pero esperaban que me naciera.

Aquel indio de Alcaide, bestia como una mula, mendaz, dicharachero y más malo que Caín, me cobró un odio carnicero. Sus fecho-

(1) He sabido mientras corrijo estas pruebas, que Eustoquio Gómez, — primo de Juan Vicente, condenado á diez años de presidio por homicidio y á quien Gómez libró de la cárcel para entregarle la Fortaleza de Maracaibo y los presos políticos, — asesinó á palos, con anuencia de su primo Juan Vicente, á los señores Jara, Gáfaro y Nel Espina (este último colombiano), presos por imputárseles un conato de tiranicidio en la sagrada persona del Traidor. Asesinó de igual suerte al señor Pedro Nolasco Muñoz. La tropa y los presos, víctimas todos de aquel monstruo, se sublevaron contra él. Gómez huyó disfrazado de mujer. Murieron tratando de contener á la tropa, cumpliendo con su deber, oficiales de Coro, Maracaibo, Ciudad Bolívar y Caracas. Jefes y oficiales andinos huyeron. Los Gómez y los andinos de su laya asesinan, no se baten. Son criminales, no héroes.

¡Cuán diferentes de Castro! Personalmente queda Castro sobre todos los demás andinos á mil metros de altura. Es justicia reconocerlo.

rías menos sensibles fueron las de robarme, á
título de más fuerte, diez onzas de oro, un
prendedor de perla, un reloj con su leontina,
una sortija de brillante, un vaso de plata, un
bolsillo de seda, una navaja *gillette*, tijeras de
uña, varios volúmenes, platos, cubiertos,
ropa de cama y de vestir y una maleta, amén
de postres y chucherías que me enviaban de
casa constantemente y de cuya mitad dispo-
nía siempre, fraternal y muy digno, mi señor
el Alcaide.

Otras picardihuelas suyas fueron menos
regocijadas.

Días antes de incomunicarme hízome pasar
á la Alcaidía, departió conmigo de cosas
baladíes, me dió noticias de hermanos y de
amigos, y hasta me prestó espontáneamente
una obra, recuerdo bien, en dos volúmenes
sobre la guerra nipo-rusa. Yo estaba encan-
tado. Aquel monstruo me sonreía. Mi suerte
iba á cambiar. Días después fué cuando vine
á comprender la táctica del forajido. Había
hecho creer á dos ó tres presos — alguno de
los cuales bastante estúpido para darle crédito
— que yo los acusaba de opinar sobre Gómez

desfavorablemente, como si nadie pudiera apologizar á Iscariote Capitolino, y menos que nadie sus víctimas.

Otra vez, antes, me dijo el sicario :

— Fínjase enfermo. Yo le haré trasladar al hospital Vargas.

Y me tuvo quince días en cama fingiendo el moribundo. Á los quince días me informó de que podía mejorar y aun curarme. El traslado al hospital no era posible.

Fuera, entretanto, los amigos trabajaban por mi soltura, inútilmente. La prensa reclamaba mi excarcelación, sin ser oída; y ocho intelectuales de la juventud : — Andrés de la Rosa, Domingo Martínez, Leopoldo Girón, Luis Yépez, Luis Correa, Emiliano Hernández, J. Silva Díaz, J. M. Butrón Olivares, — dirigieron un valiente y hermosísimo documento al Ejecutivo reclamando mi libertad. Todo en vano (1).

(1) « Porque Rufino Blanco-Fombona (decían mis amigos) es para la intelectualidad patria, como para la intelectualidad americana, un alto y noble sembrador de pensamientos; porque el silencio ha levantado cátedra de pasivismo en torno del martirio que aureola al robusto cantor.. » Por esas y otras razones de política interior, ellos pedían lo libertad de quien, « en la gestación reaccionaria de Diciembre, fué paladín esforzado que proclamó y sostuvo la conveniencia... de una libertad sin apremios ».

VIII

El tiempo corría. Mi tortura no vislumbraba término. Recluído, sin casi moverme; comiendo sin cubierto como un animal; royendo ideas de venganza, escuchaba, si de día, el sarcasmo de asesinos y ladrones á quien me zuzaban, — si de noche, el isócrono mauser del centinela, como que el deber del centinela consistía en golpear sobre el techo de mi prisión para impedirme dormir.

No era menester tanto. Á menudo, á despecho de los narcóticos, imposible que me rindiera el sueño. Semanas enteras estuve sin cerrar ojo. Parecíame entonces que dentro de mí estaba ardiendo perenne una llama, una llama que me abrasaba constantemente y pronto me consumiría. Pensaba que cuando yo refiriese el infortunio y la mengua de tales horas, nadie me iba á dar crédito y que no faltaría opilado bachiller que pronunciase

palabras de sabiduría : « hiperestesia, delirio
de persecución, etc. » Aquellos dolores eran
de carne y hueso. Aquella saña era de tigres.
Allí no había más delirio que el delirio sangriento de mis verdugos.

En frente de mi celda, cierta noche, asesinos y ladrones, me obsequiaron con burlesca
serenata de algarabía. Mugían como toros, ba-
laban como borregos, relinchaban como caba-
llos, cacareaban como gallinas; y hubo latir
de perros, maullar de gatos, gruñir de cerdos,
rebuznar de jumentos y rugir de leones.

Era al momento de sentarme á comer. No
dije una palabra. Pero no pude pasar bocado,
y esa noche no dormí. Con el alba estuve en
pie, dispuesto á un escarmiento. Á precio de
diamante, días atrás, había comprado una
escoba, cuyas barbas deshice como pude; y
armado con el asta y con represa furia aco-
metí esa mañana al primero de los asesinos
que acertó á pasar á mi alcance. Corrió el
villano; corrí detrás majando sus espaldas.
Y su cabeza de guillotina, bañada en púrpura,
asperjeaba de rojo, como hisopo de sangre,
las paredes blancas y la madera del pasadizo

y el pavimento. Lo salvó el ser cobarde y precipitarse por el balcón al piso bajo.

El cómitre me apresa; y ya reducido al calabozo se me amarra y se me pone un par de grillos. Entonces arriba Sparafucil Padrón, el indio cuatrero, el roba-custodias, el mata-viejas, el cuadrillero de Musolino, el iletrado lenguaraz, el asesino mercenario de las montañas de Trujillo, y midiéndome de un ojazo y lanzando un terno prorrumpe :

— ¿Por qué no descuartizan á ese vergajo?

Al día siguiente me abrieron un sumario por aquella justicia que tomé. La represión de un desmán dependía, sin embargo, de la policía interna de la cárcel, como lo atestaba el rigor de aquellos pesados grillos que ya no me quitaron más.

Desde entonces no pude moverme de una silla de extensión sino para echarme en el catre y viceversa. Así pasé meses.

El 19 de abril de 1910, día centenario de la Independencia, abriéronse todas las cárceles á los presos políticos. En la Rotunda no quedó nadie. Todos se fueron. Todos, menos yo. Y yo era el cantor de la Patria, el comentador de

la Independencia, el vástago de próceres,
mientras que mis verdugos, comenzando por
Gómez, ignoraban hasta el buque negrero que
trajo á sus abuelos de Cafrería. Por el pensamiento y por la cuna yo era el señor, y por el
mérito personal y por la hombría de bien; y
estaba en manos de aquella piara de siervos
ignaros y feroces, sin más heroísmo que el de
la traición, ni más ideal que el peculado, ni
más patriotismo que el interés, las manos
y la conciencia sucias, y por única hoja de
servicios una mancha de sangre. ¿Qué les
debe la patria? Ruina, vergüenza, luto. Y
semejantes microcéfalos me tenían encadenado por el crimen de ser libre y odiar á las
sanguijuelas de la Nación, y encadenado precisamente el día de la patria, olvidando
adrede que á mis abuelos deben el aire que
respiran, el pan que comen, los bastones de
mando, el meter mano en cosa pública y el
infame derecho de aherrojarme y proce-
sarme...

El tiempo transcurría y el sumario no ter-
minaba. Todas las triquiñuelas, todas las
chicanas, todas las argucias de mala ley se

pusieron en juego para que el juicio no finara nunca. Mis hermanos conducían á los testigos renuentes; otros se presentaban espontáneos. El Tribunal, de orden superior, no citaba á ninguno ó los citaba con diligencia de morrocoyes. Se quería ganar tiempo y que yo me pudriese en la mazmorra. La Corte, que va semanalmente á la Rotunda á informarse de los presos y rendir cuenta de sus causas á los procesados que inquieran, interrumpió sus visitas. Por fin concluyó el sumario. Haciendo uso de un derecho que me daba la ley opté por el Jurado, que no gana doscientos pesos mensuales, ni cohibido ó complaciente pilatea con facilidad, ó prevarica.

Y un jurado compuesto de personas respetables me absolvió por unanimidad, á pesar de los gruñidos oficiales (1). Y á pesar de los

(1) El jurado lo componían el venerable don Eleazar Urdaneta, prohombre del partido liberal, hijo del célebre Urdaneta, General y Presidente de la antigua Colombia; el Doctor Luis Razetti, ex Rector de la Universidad de Caracas; Fernando Calzadilla Valdés, perfecto caballero, el más independiente y sin mácula; el Doctor Meyer Flejel, uno de nuestros mejores facultativos; Abelardo Gorrochotegui, el buen gigante rubio, poeta y militar, hombre todo corazón y una de las figuras de más porvenir político en Venezuela; Manuel Modesto Gallegos, ex Ministro, ex Presidente de Estado, ex Presidente de la Cámara de Diputados; el Doctor Y. Capriles, yerno del antiguo Presidente Crespo; Ricardo Revenga, abogado, nieto de un Secretario de Bolívar; Ma-

gruñidos oficiales el pueblo de Caracas, el gran pueblo de Caracas, rompía en truenos de aplauso cada vez que yo comparecí en la barra, y rompió sobre todo en aplauso unánime y estrepitoso, que era un salivazo en el rostro del Ejecutivo, cuando se me declaró inculpado (1).

nuel María Urbaneja, cuya entereza de carácter lo haría más tarde tomar el camino del destierro, antes que someterse incondicionalmente á las pretensiones de obscuros tiranuelos y declarar inculpado á un tal Eleuterio García, primo de Gómez y asesino del concejal Chaumer; Luis Churión, poeta y diplomático; Alberto González G, jurisperito é irreductible espíritu.

(1) Para que se comprenda bien en qué garras estaba yo, y no se tomen á exageración mis pinturas, copio aquí la declaración de Padrón en el juicio que me incoaron. Padrón sugirió al malhechor á quien castigué el que me acusase de haberlo incitado á envenenar á otro preso, de quien sabían yo no era amigo. El mismo Padrón declaró en tal sentido. Pero aquello era tan absurdo y tan insostenible que aunque el Gobernador Pacheco insistió para que el Fiscal me acusase de asesinato frustrado, el Fiscal, andino por cierto, no convino en ello y se expuso á perder su puesto é incurrir en las iras del asno lúgubre y omnipotente. ¡Cuánto no hubieran dado Padrón, Gómez y compañía por haberme podido probar esa ú otra fechoría semejante! Le agradezco al Fiscal, señor Paoli, su conducta, porque en Venezuela hemos llegado al extremo de que cumplir el deber es una heroicidad. Por lo demás, ni Pacheco ni Padrón comprenden la enormidad de que me acusaban. Carentes de sentido moral, pierden el sentido de las proporciones y de las posibilidades. Hasta en eso prueban lo que son. No digo una palabra más. Tanto las preguntas del Juez como las respuestas del Alcaide quedan y quedarán por siempre destilando el odio oficial.

DECLARACIÓN DEL ALCAIDE MARCIAL PADRÓN.

« En el mismo acto presente el General Marcial Padrón, juró decir verdad, de treinta años de edad, casado, Alcaide de este Establecimiento, natural de Trujillo, Distrito Valera, y domiciliado en esta ciudad; é impuesto del motivo de su llamamiento y de los artículos corres-

Yo había pedido escribir mi defensa. No se me permitió. No se me permitió siquiera corresponderme ni hablar á solas con mi abogado el Doctor Manuel A. Ponce. Pero este jurisconsulto de gran valor y gran sabiduría,

pondientes del Código de Enjuiciamiento Criminal, manifestó no tener impedimento para declarar y expuso :

P. — Como jefe que es usted de este Establecimiento, explique lo que ha llegado á su conocimiento respecto al hecho ocurrido en la mañana de ayer entre Rufino Blanco-Fombona y Ramón Quevedo Páez y todo lo demás que usted sepa relacionado con este asunto.

C. — Recuerdo que á principios de noviembre del año pasado Ramón Quevedo Páez me comunicó que había sido instigado por Rufino Blanco-Fombona para que envenenara en la comida al General Benjamín Ruiz, ambos detenidos actualmente en la cárcel y siendo Quevedo Páez ordenanza del último, ofreciéndole por la ejecución de tal hecho la suma de cien pesos, sesenta pagaderos en el acto y el resto después de su salida. En vista de esta denuncia inmediatamente le pasé á Blanco-Fombona una requisa y le encontré sesenta y un pesos y medio, en tres monedas de oro. Ayer, en las primeras horas de la mañana, fui avisado por el cabo de presos Luis Malavez que en la Rotunda, Rufino Blanco-Fombona había herido con un palo de escoba á Ramón Quevedo Páez, y vi á éste con la cabeza rota y la espalda y pecho bañados en sangre. Me trasladé al calabozo de Blanco-Fombona y lo encontré ya contenido por los ordenanzas Agapito, Rosendo y Francisco Domínguez y Arturo Rodríguez y el palo instrumento del delito fué presentado á mí por el cabo Luis Malavez. Hago constar que encontré al presidio (*sic*) alarmado por lo ocurrido y supongo que todo él sería testigo presencial del hecho.

P. — Como Jefe de este Establecimiento que es usted diga si ha tenido quejas de la conducta observada por Rufino Blanco-Fombona, y si antes del actual hecho que se averigua, ha cometido aquí algunos otros atentados (*sic*).

C. — Sí, señor : por el cabo José Rodríguez fui informado en el mes de febrero próximo pasado de que el señor Rufino Blanco-Fombona había abofeteado delante de todos los presos de la Rotunda nueva y rótole la cara á César Ibarra, preso también en comunidad, ignorando los motivos (*sic*) y por cuya causa reprendí á Blanco-Fombona y lo separé á otro departamento, ó sea al balcón de la Rotunda. Después, y en el mismo mes de febrero, tuve conocimiento por el señor Heriberto Gade una dialéctica de hierro, un estilo sarcástico, una clara visión jurídica y una cívica audacia á prueba de ocasiones, cubrió mi nombre con la égida de Minerva, y más que defendiéndome atacando, blandió su verbo de acero como una espada y una vez más fué triunfador.

Veinticuatro horas después de ser declarado sin culpa no se me había aún excarcelado. Mi defensor dirigióse al Juez pidiendo explicaciones. El Juez murmuró excusas. Entonces dirigióse al Gobernador de Caracas, Pacheco Bragueta, un pobre diablo obscuro, ignaro, grotesco y bilioso, y aquel pobre diablo obscuro, ignaro, grotesco y bilioso repuso al abogado :

— Ya su papel ha concluído. Ese hombre

rrido, también preso en el mismo departamento, de que el señor Rufino Blanco-Fombona escribió un libro en contra del Gobierno actual, le pasé requisa inmediatamente y le encontré varios legajos escritos con lápiz, en papel de ir al excusado, y cuyos legajos comprobaban la realidad de lo denunciado (*sic*) y dichos legajos los decomisé. Es de lo que tengo conocimiento hasta el día de hoy. Terminó, se leyó lo expuesto y encontrado conforme, firman :

(f) Leonidas Blanco.
(f) D. D. Paoli.
(f) Marcial Padrón.
(f) Núñez.
sec.

estuvo hasta ayer preso por el Juez. Ahora continúa preso por mi orden.

Poco después me participaba el famoso araguato de Alcaide que el Gobierno de garduños, presidido por el hombre de los treinta dineros, había resuelto mi expulsión. Dentro de cuarenta y ocho horas me conducirían á La Guaira.

— Apréstese, concluyó con su estereotipada sonrisa de hiena, el cobrizo carcelero.

¿Aprestarme? ¿Cómo? No se me permitió ir á mi casa, ni despedirme de mi novia, ni agenciar mis asuntos, ni procurarme personalmente los fondos que iba á necesitar. Á toda carrera hice retrovender, por lo que me quisieron dar, una pequeña finca agrícola. Á toda carrera mis hermanos pusieron relativo orden en mis cosas. Á toda carrera partí.

De la Rotunda me sacaron entre esbirros; entre esbirros me condujeron á La Guaira; y me embarcaron entre esbirros.

La última visión que tuve de la patria, ya al zarpar el buque español que me conducía al destierro, fué un grupo de familia donde mi novia, vestida de blanco, lloraba;

y tras del grupo familiar, deslizándose cautelosos, las figuras patibularias de los esbirros (1).

IX

Una de las crueldades que más me ha dolido — bien inútil crueldad, por cierto, — fué el que me arrebatasen y que destruyeran, tal vez, gran copia de manuscritos míos, obra de una actividad febril y constante de tantos meses de prisión. Había logrado sobornar al cabo de presos, José Rodríguez, y el cabo, haciéndose de la vista gorda, me dejaba garrapatear papeles y tener luz encendida hasta que media noche era por filo.

(1) Acaba de llegar la noticia — Abril de 1911 — de que mi hermano Héctor, á punto de embarcarse para una de las Repúblicas del Pacífico ha sido reducido á prisión. Somos los Blanco-Fombona en nuestro país como el extranjero en la ciudad antigua : peor. Como los judíos, andamos errantes, sin patria, bebiendo el agua de extranjero río y aprendiendo según la experiencia del Dante, ¡cuán duro es subir la escalera ajena! No tenemos patria. El odio del gobierno actual de Venezuela contra nosotros es tal que hemos debido emigrar los que no hemos sido expulsados. Dos de nosotros viven en Londres, uno en París, otro en Cuba, otro acaba de ser víctima de los sayones de Gómez Iscariote y ha ido á parar á manos del indio Padrón.

Así compuse una novela corta, con el
título de *Recién casados;* diez ó doce cuentos,
quizás mayor número; un estudio sobre *La
influencia del genio en la evolución de las
sociedades;* otro sobre *La tristeza en la literatura venezolana;* otro sobre *La influencia
del mestizaje en nuestra vida nacional;* anota-
ciones para servir á mis comentarios de historia americana; Notículas íntimas y un Diario
de la prisión. También compuse muchos versos. Nunca tuve actividad más fecunda, á no
ser en la prisión de Ciudad Bolívar, cinco años
atrás, cuando escribí en menos de dos meses
El Hombre de Hierro, amén de muchas otras
páginas, algunas inéditas, publicadas otras.
La idea, entonces, de haber estado en un tris
de que la guadaña cosechera de la Pelona me
cosechara, hízome comprender que todo podía
concluir de súbito, una bella noche estrellada,
y cuán triste era pasar por el mundo como un
pájaro por el viento : sin dejar huella, sin
dejar sino un gorjeo que el aire recoge y que
muere en el aire. La desocupación obró lo
demás. Ahora se maridaba al ocio una emo-
tividad fomentada por el medio hostil y que

no tenía más derivativo que la pluma. Escribí mucho. Un día los papeles todos me fueron decomisados por el Alcaide. En vano imploré: nada. Corrieron de Alcaide á Gobernador, de Gobernador á Secretario de Gómez Iscariote, y de Secretario de Gómez, quizás, al propio pesebre de la Bestia (1).

Sospechaban que hubiese escrito, en la prisión, contra el Gobierno; y escudriñaban

(1) He reclamado mis manuscritos en todos los tonos, personalmente y por medio de amigos. Todo inútil. El último paso lo di cerca de González Guinán en la carta que transcribo, y que González Guinán, — ¡oh, la provincia! — tuvo el mal gusto de no contestar.

«Hamburgo, 19 de Octubre de 1910.

» Sr. Dr. FRANCISCO GONZÁLEZ GUINÁN,

Secretario General del Presidente.

CARACAS.

» Distinguido amigo :

» Estando yo preso me quitó el Alcaide de la Rotunda una gran colección de manuscritos, que formaban tres volúmenes de prosa, y una copia de versos. Todo esto obra paciente de muchos meses de prisión. Los versos me los devolvió, en parte, un día que se le antojó. Cuanto á mis trabajos en prosa que eran cuentos, una *nouvelle*, estudios y notas sobre historia, apuntes de sociología venezolana y un diario de la prisión, no he sabido más sino que fueron á manos del Gobernador y de ahí pasaron á las del Secretario del Presidente.

» Para entonces era Secretario de la Presidencia el señor Pimentel. Pero como ni él ni Pacheco, el Gobernador, son capaces de apreciar el trabajo mental de un hombre es á usted, sustituto de Pimentel en la secretaría, á quien me dirijo para que vea porque se consignan esos papeles, ó por lo menos una parte.

» ¿Me habré equivocado en la esperanza de que los encuentre y me los mande? Eso es lo que el porvenir dirá. Por el momento sólo quiero los manuscritos en la búsqueda de minucia que indiciara desamor al caballo de Calígula, pretexto de los vándalos para sincerar su conducta respecto á mí ó acabar de victimarme.

Los versos los salvó de suerte desastrada Arvelo Larriva, quien ridiculizó con su buída sátira de costumbre al piel roja de Alcaide que buscaba serpientes en un ramo de flores. Pero cuando me los devolvieron, al salir de la cárcel, la mitad, lo menos, había desaparecido en las gavetas del indio ó le sirvió para envolver mantequilla y velas de sebo en la pulpería, propiedad suya, donde obliga á comprar á todos los presos.

Y entre los poemas restantes, ¡cuánto mutiló! Era como el campo de batalla después de la refriega : á uno le faltaba la cabeza,

significarle que la circunstancia de dirigirme á usted es prueba de que no lo confundo con la turba de analfabetas criminales, cuyo triunfo es el triunfo de la barbarie y que hoy deshonran la Magistratura en Venezuela.

Soy su afmo. compatriota y amigo.

R. BLANCO-FOMBONA.

P. S. — Escríbame, si me escribe, á esta dirección : Bieberhaus. — Hamburgo.

á otro las piernas, á éste un brazo, un omoplato á aquel.

Algunos los corregí como pude. Otros no pude corregirlos. Muchos de los poemas hechos en el destierro no han sido compuestos sino retocados por aquí. Los hay como *El Torrente* é *Impotencia*. v. g. que eran en su prístina forma sonetos. En vano intenté reconstruirlos : no lo conseguí.

Lo que ignoran el abacero sicario Sparafucil Padrón y el gobernador de bragueta es que á pesar del encierro, á pesar de la incomunicación, á pesar de los espías, á pesar de la carencia de lápiz y papel, á pesar de las requisas constantes proseguí escribiendo versos. Opté por los versos como más concisos y fáciles de disimular. Los escribí en paquetes de cigarrillos, en cajas de fósforos, en briznas de papel. Sacaba de entre la madera del lápiz el grafito, y este grafito lo ataba con hilo á un escarbadiente. Procurarme lápices era el busilis; sin embargo con dinero se conseguían, con todo y las requisas rigurosas que menudeaban. Una vez pagué á mi ordenanza por uno mocho tres pesos. Como no permitían

dinero, sino por cantidades cortas y espacia-
das, se lo fuí pagando poco á poco. El papel era
más difícil. Desde luego en papel blanco no
había que pensar. Lo que me procuraba, al
principio, era papel de estraza, en el cual
escribí las obras decomisadas. Luego se esca-
maron y no me entregaban sino media hoja
diaria de ese papel; y esa media hoja arru-
gada, hecha una bola, de suerte que no pudiera utilizarse sino en los usos íntimos,
indispensables, para que la vendían. Hallé
medio, no obstante, de escribir gran copia de
versos. En caracteres diminutos, casi inin-
teligibles para ojos extraños, y á veces
como en cifra, sin borronear más que las primeras letras de cada palabra, en la angustia
de que me sorprendieran los espiones encar-
gados de ojearme, compuse muchos de estos
poemas, como *La Comunión de los reos*, 19 *de
abril* de 1910, *El vuelo de Psiquis, Nuevas
ilusiones, Las alas inútiles*, etc. Temeroso de
no entender yo mismo, andando el tiempo,
aquellos garabatos, ó de perder los pedazos
de papel en que tales jeroglíficos se contenían,
aprendí los versos de memoria, una vez com

puestos; de suerte que la memoria me sirvió para descifrar mis cuneiformes, cúficas ó rúnicas escrituras, al propio tiempo que los signos, más ó menos cabalísticos, me auxiliaban á recordar los versos. Como Jourdain la prosa, había yo inventado una grafo-mnemotécnica. La necesidad es la madre del ingenio.

X

Con vergüenza escribo este prólogo. En ninguna parte del mundo sucede lo que sucede hoy en Venezuela, donde se da el caso raro, más que de una regresión colectiva á la barbarie, del imperio de una minoría bárbara, representada por el elemento andino, sobre las mejores fuerzas sociales de la nación. Es caso análogo al de la fracción jacobina imponiéndose en Francia, aunque no representase esa fracción sino la violencia y la mediocridad, según lo ha estudiado y comprobado, no sin delectación, Taine.

Los andinos son bárbaros y bandidos en
una sola pieza; y su triunfo es el triunfo del
troglodita sobre la civilización, el triunfo de
la montaña primitiva y conservadora sobre
llanuras y costas, más evolucionadas, merced á su contacto con el Océano, que es por
donde nos llega la civilización. Desde que
imperan cesaron las luchas de ideas con la
imposición del más craso y rastrero perso-
nalismo. Las escuelas públicas disminuyen.
Los conventos reaparecen. La libertad de la
prensa acábase. La higiene se descuida. El
peculado florece. La diplomacia, tenida por
inútil, muere. Nuestra política exterior carece
de *esprit de suite*. Los conflictos internacionales se suceden. La deuda nacional se mul-
tiplica. El Gobierno se hace monopolista é
industrial. Lo que debemos ó no debemos se
nos cobra á cañonazos. No se fabrica un kiló-
metro de vía férrea, ni se tiende una milla de
alambre telegráfico. No se lleva un solo inmi-
grante al país. El progreso, falto de impulso,
paralízase. El capital patrio, sin las garantías
del derecho, se esconde : y el capital extranjero no arriba á nuestras playas. No se com-

pra ni un fusil ni un barco de guerra. Reñimos sin razón con nuestra vecina y necesaria hermana Colombia. La nación se desacredita en el exterior, la libertad interna es un mito; y renacen fórmulas inquisitoriales de coerción.

El abandono de fórmulas, de principios, de cuanto la tradición nos deja como extrato de cultura, herencia de anteriores generaciones, sabiduría acumulada, es absurdo que pone en indigencia la civilización y terminaría por extinguirla. El perjuicio que nos ha causado el andinaje voluntarioso, depredador, ignorante y sangriento, es incalculable. Se impone para salvación de nuestra cultura que el andinismo invasor vuelva á sus guaridas.

Acaso después de haber producido á la Nación perjuicios de tanta magnitud al salirse de madre, el andinismo obre un bien ya de regreso en sus nativas montañas : el bien de pulir zarpas de tigres, de mejorar el ambiente social montañés, que huele á pólvora y á vapores de sangre, con cuanto debió de aprender durante el éxodo y con su estancia en el

Capitolio. Entretanto es menester que el hombre de las ciudades, el Centro, hogar de la civilización patria, gobierne la República; que esa curul donde se irguieron el sabio médico, el virtuoso repúblico Vargas, el Doctor Pedro Gual, prohombre de la Gran Colombia, Soublette y el propio general Guzmán Blanco, no pueda ser mancillada por un microcéfalo como Juan Vicente Gómez, ordura sangrienta, manos de rapiña y de estrangulación. El Gobierno de Gómez es un gobierno contra natura. La naturaleza, lo mismo que la ciencia, enseña el predominio de los aristos.

El desmán de la barbarie no provoca sino reacciones. Estos mismos versos dan fe. No fué sumisión lo que obtuvo de mí la crueldad : fué odio. La injusticia no engendró sino venganza. Observo que en estos versos torna como un *leit motiv* la esperanza del desquite, el odio que emplaza al victimario, sentimiento, si se quiere, no nada sublime, aunque la ira de un hombre, desde Homero, fué asunto del canto. Á menudo rompe un *¡ no importa!* que pronunciado en el tormento no

deja de tener su hermosura. **No es la resigna-**
ción que habla : es la venganza que impreca.
Este ritornelo del odio recorre toda aquella
parte del volumen compuesta en la cárcel.
En *Némesis* aparece :

De viles inclementes,
me acosa la jauría
y me clava los dientes...
¡No importa! Que algún día,

parando sus quehaceres,
transidas de quebranto,
la almohada sus mujeres
empaparán en llanto.

El motivo se insinúa al fin del soneto *En
la ergástula*, y se repite en estrofas de la página
ochenta y tantos. Por donde se advierte lo
contraproducente de estos métodos andinos
de coerción, esta guerra á muerte por diver-
gencia de opiniones, este lecho de Procusto en
que se acuesta al adversario de nuestras ideas
ó al crítico de nuestras acciones. En la amplitud de la libertad, por el contrario, circulan

todas las opiniones como el aire entre las matas de un jardín. Y la brisa lleva en las alas fragancia de limoneros, perfume de jazmines, aliento de rosas. ¡Qué ráfaga de bálsamos armónicos!

Y cuando hubiera choque entre los hombres libres, ¡qué importa! Esas son las contingencias de la libertad, cuyos peligros valen más que el orden á zurriagazos y que la paz de Varsovia.

Por lo demás, ya exclamó nuestro grande y olvidado Cecilio Acosta, apostrofando á la barbarie de su tiempo, hace más de media centuria: « la sangre no deja sino sangre, las tinieblas sino olvido, y en la posteridad sólo para la virtud hay honra y para el talento laurel ».

XI

Cuando arribé á Europa, me cayó entre las manos, en Alemania, un libro reciente de crítica americana, donde su autor, el señor J. Fabio Garnier, á vuelta de elogios profusos y generosos, dice : « En donde Blanco-Fom-

bona es más admirado es en las poesías suyas
en las cuales todo es español, verdadero español : ellas nos hacen olvidar las tendencias
del autor á ser considerado como discípulo
de este ó de aquel poeta francés ». (*Perfume
de belleza, pág.* 170.)

Me he quedado perplejo. Yo sé los puntos
que calza el señor Garnier en cuanto crítico
y conozco la profundidad de su psicología;
pero desconcertado quedé, repito, y propenso
á imaginar que para uno conocerse á sí propio no necesita conocer la opinión que los
demás se formen de uno, al revés de lo que
opina P. E. Coll. No se trata de análisis aní-
micos ni de complicaciones espirituales. Se
trata de que las palabras de nuestro castellano común no tienen la misma significación
en mis labios que en labios de Garnier. Y esto
me ha confundido. ¿Quién estará en la verdad, pensé : él que me tilda de imitar á autores franceses, que silencia, y de confundirme
con autores de España, ó yo que me siento
á mil leguas, y lo he dicho, de los unos y de
los otros?

En vano he pasado toda mi vida declamando contra los carneros y los lacayos; en vano he querido hacer una obra personal, no escribiendo jamás, jamás, jamás, desde que tengo ser é independencia literarios, es decir, desde los veinticinco años, sino la verdad de lo que he visto, de lo que he sentido, de lo que he pensado. En vano. Hoy surge á la mitad del camino dantesco un hombre que me enrostra el tender « á ser considerado como discípulo de este ó aquel poeta francés »; y cuando no, de que en mis poesías « todo es español », y no español como se quiera, sino « verdadero español ».

Creo que ninguna página de mis obras autoriza tales juicios ó saca buenas semejantes afirmaciones, no comprobadas, como era de ley, por el ejemplo ilustrativo. Creo distanciarme suficientemente de los peninsulares, á pesar de la lengua y de mi origen, porque yo salgo de las entrañas de mi tierra como el samán de nuestros campos y soy tan de allí como el Ávila y como el Orinoco.

Cuanto á la « tendencia á ser considerado discípulo de tal ó cual escritor francés », yo desafío á mi compañero el señor Garnier á

que me nombre un poeta de Francia á quien
no digo imite — que los hombres como yo no
llevan librea y si padecen cárceles no es por
vileza — sino á quien yo me parezca remota-
mente, ya en prosa, ya en verso. Le juro que
no lo encontrará.

Asegurar que la literatura francesa no haya
influído en mí es absurdo en que no caigo.
Los noveladores, comediógrafos, cuentistas,
historiadores y poetas de Francia han ejercido influencia, más ó menos eficaz, durante
el siglo XIX, en todos los espíritus cultos de
ambos mundos. Á nosotros, americanos, nos
han enseñado á escribir con soltura y ati-
cismo. Pero de aquí á que uno se ponga á imitar á este ó á aquel escritor hay diferencia.
Con ninguno de los poetas de Francia me
liga parentesco especial de espíritu. Esto salta
á la vista de cualquiera, y si valiese la pena,
sería de fácil comprobación.

. . . .

Yo no conozco bien entre los poetas franceses sino á los que conoce todo el mundo en
todas partes. Los demás los ignoro.

Una cosa me ha llamado siempre la atención: el que los hispano-americanos que viven á dos y tres mil leguas de París, en sus tierras más ó menos calientes, estén al tanto, no de las novedades literarias extranjeras que valgan la pena de conocerse y estudiarse, sino de las más estrafalarias, grotescas y desconocidas gavillas de *ratés* ó de escandalosos principiantes parisienses que se quieren imponer por el ruido, que se decoran de nombres sonoros, se conciertan en cenáculos de gritones, publican manifiestos iconoclastas y fundan revistas que sólo ellos leen y que viven el espacio de una mañana como las rosas de Malherbe. Yo, que he vivido por aquí luengos años, ignoro todas estas andanzas de baja literatura, y me sorprendo sinceramente y hasta quedo corrido, cuando un jovencito desembarcado de la víspera y que viene á visitarme con su flux de la *Belle Jardinière*, me pregunta por plumarios de París, célebres en Bogotá ó en Buenos Aires ó en Lima, cuyos nombres jamás oí yo en Francia, ó discurre sobre las capillas tales y cuales y los futuristas Pedro y Juan.

Otra cosa también me llama la atención en

los metecos americanos : la facilidad con que,
á los seis meses se asimilan á París, y el des-
parpajo con que abominan de sus tierras nativas, y la tristeza con que allí retornan, y la
ignorancia absoluta de la historia de Hispano-
América, y de su literatura. El que es del
extremo Sur sabe apenas quién es Bolívar, y
lo sabe por Mitre que es peor que ignorarlo; el
que nació en el extremo Norte ó en Centro
América ó en las Antillas ó Méjico no sabe de
San Martín sino que fué un general. En cambio todos conocen al dedillo la historia de
Napoleón. Y en sus literaturas no veréis los
fuegos de Chacabuco, ni escucharéis el trueno
sordo del choque de armas blancas en Junín,
sino que las detonaciones de *Arcola* rimarán
con la *ola* de alguna playa francesa en malos
versos sin nacionalidad.

¿Quién cita en Méjico á Olegario Andrade
ó á Ignacio Altamirano en Argentina? ¿Quién
recuerda á Cecilio Acosta y á Juan Vicente
González en Chile ó á Vicuña Mackena en
Caracas? ¿No acaba de hablar F. Contreras
con desdén, en el *Mercure de France*, del
formidable Olmedo?

Retroviniendo á Garnier, que pone en tela
de juicio el que yo sea yo mismo y de mi
tierra, le diré que se ha convertido en eco de
Gonzalo Picón-Febres, á quien cita, y quien
expresa en su interesantísima y documentada
*Historia de la Literatura venezolana · en el
siglo XIX* : « Lo que de Blanco-Fombona
vivirá es lo que engendra la primitiva fuerte
savia castellana que por sus venas corre; de
lo ficticio, de lo asaz artificioso, *de lo imitado
con singular empeño del francés* se acordarán
muy pocos» (pág. 251). Pero Picón-Febres,
ese poeta delicioso y prosador de número y
caudal, más lírico que crítico, se deja arras-
trar sin lucha por el torrente de su verbo. Es
historiador de arte más que analizador. El
título de su obra (tan discutida entre parén-
tesis, pero tan digna de estudio y de consulta),
es una confesión apreciable mayormente para
los que no olviden el concepto que Picón tiene
de la Historia, que es el concepto clásico. Pero,
en rigor, Picón anda menos descarriado que
Garnier. Él juzga toda mi obra sin olvidar
las fechas en que se viene produciendo. Así,
el francesismo él lo achaca á mis tanteos juve-

niles. Cuanto á lo publicado posteriormente,
Picón no lo juzga « español », sino muy personal : « en esa parte de su obra — dice, —
asume todo el vigor de su temperamento,
escribe con su propia pluma y derrama á
manos rebosantes la fragantísima savia de la
patria, de nuestras selvas y jardines ». (Página 25.)

Del francés he tomado, como de otras len-
guas, lo que había que tomar : el ejemplo, el
ejemplo de amor á la independencia literaria, cosa que se acordaba con mi temperamento. No significa eso imitar á nadie con singular empeño. Odio las escuelas. No he sido
ni en política ni en literatura *ista* de nadie. Yo
soy yo. Mis propias admiraciones y amista-
des poéticas, que permanecen intactas, con
absoluta y querida ignorancia de recién lle-
gados escandalosos, prueban la amplitud de
concepto y la imposibilidad de disciplina ó de
librea. En lengua castellana continúa para
mí sobre los cuernos de la luna, quizás por
exageración del afecto y aunque ya terminó su reinado, Rubén Darío; admiro á Lugo-
nes, que está de moda, y á Díaz Mirón (en

su primera manera) que no lo está. En distintas literaturas sigo amando á Verlaine, á Moreas, el de *Las Estancias*, á D'Annunzio, sin olvidar á Byron, á Musset, á Bécquer, á Heine, á José Asunción Silva, y, sobre todos, á Hugo.

Pero les voy á contestar á Picón-Febres y á Garnier por pluma ajena la más autorizada, ya que por casualidad, al llegar á este punto recibo de Gómez Carrillo un reciente artículo de Darío que publica en este mismo mes de marzo, *La* bonaerense *Nación*. Dice el poeta :

« Fombona, como todos los que hemos luchado en la batalla lírica de nuestra América española, proclama, con la doctrina y el ejemplo, la libertad de la expresión y del verso. Erudito y políglota, sabe aplicar recursos de técnicas extranjeras en nuestro idioma, como otros lo hemos hecho, pero aun cuando usa del modo libre á la francesa, conserva siempre un don de ritmo que le es personal ».

Más claro no canta un gallo. También dice el revelador :

« El alma de Blanco-Fombona es líricamente muy compleja (*Contestación á Semprún.*) Va desde el ímpetu épico hasta madrigalizar con un pétalo de rosa. Aquí una música suavemente rodembachiana, ó un ensueño de sonoridades, ó un « De profundis » que Wilde hubiera comprendido, ó un paisaje de la tierra, ó una estrofa galante, ó un anhelo de lucha, ó una volición de conquista. En verdad os digo que muchas veces encontraréis en la boca de este león el panal de miel de que habla el versículo de la Biblia. »

Cuanto á imitaciones, mejor es no insistir. Á mí me han imitado hasta el modo de caminar y la forma de la escritura. Con las migajas que cayeron de mi mesa, ¡ cuántos no se han hartado, en silencio, allende y aquende el mar !

Muy humilde prosador y más humilde poeta me he considerado siempre. Mi vaso es más pequeño que el de Musset; pero en mi vaso me acostumbré á beber y no en el de los demás. ¿Orgullo? No tal. Temperamento. ¡ Que me digan de quién son estos dolores que he sentido y cantado ! ¡ Que me digan dónde han visto algunas combinaciones estróficas que ensayo por primera vez en este volumen, y de las que son ejemplos: *La comunión de los reos* y *Rosa* !

Mi estética se reduce á un solo canon, éste :

Careciendo de imaginación para inventar y no siendo bastante vil para imitar, transcribo, ya en prosa, ya en verso, de la manera más sencilla y personal que puedo, y con toda sinceridad, lo que pienso, lo que siento, lo que veo. Y de todo lo demás me río.

Debo añadir respecto á sinceridad que la mía es absoluta, como que considero esta virtud de mucha entidad; respecto á sencillez que soy alejandrino, por desgracia, y no ateniense. Las selvas son del trópico. Pegaso da una patada furibundo y empiezan á surtir aguas de una turbia hipocrene.

XII

He tratado con extensión de mí y de cosas que me atañen en las páginas precedentes. Era forzoso. Este volumen se diferenciará,

de juro, de *Pequeña Ópera Lírica* — hablo de.
aquellas partes que justifican el título, — no
tanto por la factura como por el alma de la
poesía.

Á la exuberancia de vida anterior, al paga-
nismo de juventud, al goce de existir, al espíritu dionisíaco, ha sucedido el dolor de las persecuciones inmerecidas. « Cada uno de nosotros es sucesivamente, no *uno* sino *muchos* »,
enseña Rodó. El llanto moja esta página,
aunque disimulado por el orgullo, no osten-
sible para no dar rienda al contento enemigo.
Entre *Pequeña Opera Lírica* y *Cantos de la
prisión y del destierro*, hermanos que se parecen entre sí, de seguro, ocurre un drama ín-
timo que ha patinado á este postrer volumen
con una pátina de amarillez. Son lo mismo y
son diferentes.

En el Museo del Louvre, en París, los visi-
tantes admiran, uno cerca del otro, dos cua-
dros del divino Leonardo. Son el Baco y el
Bautista. Son idénticos. Ambos en la flor de
la juventud, hermanos por la filiación, por
el parecido, por el prestigio, por el encanto, —
esa gracia misteriosa que rodea y empapa los

lienzos de Vinci, — solicitan ambos con igual imperio la atención.

Son idénticos. Y, sin embargo, esos gemelos tienen alma distinta.

De uno á otro rozagante mancebo esboza el alma humana una nueva actitud. Baco es la juventud gentil. En el fondo del cuadro donde triunfa se extiende un paisaje riente de montañas azules. — En cambio, en la obscuridad donde albea la figura del Precursor, se diseña confusamente una sombra de cruz. Con vago ademán del índice apunta hacia los cielos el futuro Bautista; y en los ojos y en la frente de Juan enciéndese la luz del espíritu nuevo. Son distintos.

Paris, 1911.

NOTAS
á la carta sexta

Notas á la carta sexta

❀

I

El árbol se conoce por sus frutos y Juan Vicente Gómez por las cartas de González Guinán. Admírese, porque lo merece, en la carta que se transcribe al pie de estas líneas, otro ejemplo del lenguaje oficial de Gómez.

Falso que la mentira y el tupé oficiales no hubieran florecido con tan cínico descaro como bajo el imperio de Juan Vicente Judas, y en pluma de González Guinán, mentor del Iscariote. El honrado Gómez se pronuncia contra los monopolios. Se comprende la severidad del austero patriota. Ese Gómez que habla de la libertad de industrias no es el monopolista de la sal, de los fósforos, de las estampillas, de la navegación en Maracaibo y en Orinoco. He aquí la carta :

Miraflores, 16 de mayo de 1911.

Señor Presidente del Estado ...

Continuamente recibo denuncios de muchos puntos de la República, ya por la vía telegráfica como por

14

la postal, suscritos por ciudadanos que se dicen industriales, quejándose de que algunos Jefes Civiles de Distrito y de Municipio atacan la libertad de industria, porque ellos, prevalidos del carácter oficial que invisten, han establecido en provecho propio el odioso sistema de los monopolios; y como la Constitución de la República en su artículo 23, inciso 8.º, garantiza la libertad de industria y es el primero de mis deberes cumplir y hacer que esa Constitución se cumpla, me dirijo á usted excitándolo á que indague si en los Distritos y Municipios del Estado que está bajo su autoridad existen autoridades monopolistas ó perturbadoras de la libertad de industrias, para, en el caso de haberlas, exonerarlas del empleo que desempeñan por ser ellas incompatibles con las leyes y con los principios de moralidad y de progreso que se empeña en difundir la Administración que presido.

La Autoridad pública debe, por cuantos medios estén á su alcance, garantizar, apoyar y favorecer la libertad de la industria. Atacar esa libertad es conspirar contra la Ley.

Yo estoy seguro de que usted, patriota y cumplidor de sus deberes públicos, sentirá satisfacción amparando en su legítimo derecho á los ciudadanos que lo hayan de menester.

Soy su amigo,

J. V. GÓMEZ.

Ese documento lo llama *El Universal*, periódico dirigido y redactado por Andrés Mata y Andrés Viga, respectivamente: *Represión moralizadora* y lo ilustra de esta suerte :

« Esta vez se dirige el señor General Gómez á los Presidentes de los Estados en demanda de la represión de una corruptela, que, si en efecto existe, sería hondamente inmoral, perturbadora de las garantías del ciudadano, perjudiciales al libre ejercicio de las industrias y burla evidente de las leyes.

« Mano enérgicamente represiva y moralizadora se requiere, y la pone con firmeza el General Presidente para que, en todo caso, se reprima semejante estado de cosas, transgresivo de todo principio de orden legal y oficial, como sería el hecho escandaloso de que las autoridades civiles de los Distritos se hiciesen industriales y negociantes, monopolizadores de las profesiones que son patrimonio del trabajo común y libre de los venezolanos.

« La intervención protectora del señor General Gómez será en ésta como lo ha sido en todas las ocasiones — así tiene el derecho de esperarlo — poderosa bastante para redimir del opresivo monopolio autoritario aquellos de sus conciudadanos que actualmente sufran sus malhadadas consecuencias,

« Vean los pueblos en este proceder del Primer Magistrado nueva evidencia de que nunca se muestra desatento á sus justas quejas, y sírvales esto de aliento y de garantía para que confíen siempre en él cuando quieran que se trate de reivindicar los fueros de la verdad, de la justicia y del trabajo honrado. »

Este comento no necesita de comento. Basta conocer la firma de sus autores.

II

Transcribimos otra carta de Judas para que se vea hasta donde ha llegado, por contagio de Gómez, la inmoralidad administrativa y para que el lector se sorprenda del jesuitismo de Juan Vicente y de su lenguaje oficial. Habla de honradez, él, prototipo de rateros, hoy muchas veces millonario; habla de respeto al poder judicial, él, que soltó á su primo Eustoquio Gómez, condenado á presidio por asesino del Gobernador de Caracas, Mata Illas, y que hizo absolver á su otro primo Eleuterio García, asesino del concejal Chaumer. *El Universal*, al insertar el documento que como paradigma de descaro se copia, lo comenta así :

« El señor Presidente de la República se dirige en ejercicio de sus altas funciones al Juez del Crimen de Maracaibo para excitarlo á activar la secuela de un juicio seguido á un funcionario, á quien se imputan hechos delictuosos que afectan el Tesoro público y la dignidad de un empleado de la Administración.

« El General Gómez muéstrase celoso guardián de la independencia judicial, á cuya esfera no se aproxima sino para brindar garantías al cumplimiento de las leyes, que constituyen el amparo de la vida de la propiedad y de la libertad.

« Plausible por todos conceptos es el documento que nos complacemos en insertar, porque lleva el sello de rectitud y de justicia que caracteriza todas las acciones públicas del Primer Magistrado.

« He aquí el documento :

« Caracas : 23 de mayo de 1911.

« *Señor Juez de Primera Instancia en lo Criminal.*
                                    Maracaibo.

« Tengo informes de que en el Tribunal que se encuentra á su digno cargo cursa una causa que se sigue al señor Hermes Rincón Osorio, á quien se atribuye que para cogerse unas estampillas ocultó é hizo desaparecer algunos expedientes importantes de la Aduana de ese puerto, donde estaba empleado ; y siendo este delito grave por su naturaleza confío en la rectitud, eficacia é inteligencia de usted para que sea averiguado, esclarecido y sentenciado en justicia.

« El poder judicial me inspira el más reverente acatamiento ; por deber legal y por imposición de conciencia respeto su independencia ; jamás ha partido de mí la más ligera insinuación que turbe la libre acción de los jueces ; y cuando en la presente ocasión me dirijo á usted es únicamente para excitarlo á la activa secuela de ese juicio, sin emitir opinión sobre la culpabilidad ó inocencia del indiciado.

«Trátase de esclarecer un hecho delictuoso que
afecta á un tiempo mismo la renta pública, que es
sagrada, y la rectitud de un empleado, que debe ser
incorruptible. Por moralidad administrativa he de
procurar que se haga luz en el proceso, y en la facultad y en el deber de usted como Magistrado está
que esa luz sea tan clara como la verdad y tan
brillante como la justicia.

« Soy de usted servidor y amigo,

« J. V. GÓMEZ. »

DOCUMENTOS
á que se refiere la carta séptima

CARTAS

del General José Manuel Hernández

I

San Juan de Puerto Rico,
28 de Octubre de 1911.

SEÑOR GENERAL JUAN VICENTE GÓMEZ,
CARACAS

Estimado General y amigo,

En momentos en que me ocupaba escribiendo la presente para referirme á su apreciable carta de 13 de los corrientes, recibida el 24, llega la de usted del mismo mes, que remitió con el general Ignacio Andrade, acompañada del pagaré que tenía yo en el Banco de Venezuela que cancelado ya me mandó usted.

Al contestar las suyas que tengo á la vista, debo empezar por manifestarle mi reconocimiento por su bondad al ocuparse de la cancelación de aquel documento que tenía yo en el dicho Instituto. Esta atención, unida al servicio de haberme prestado su fianza, acrecienta mi reconocimiento y hoy le reitero las gracias muy sinceras.

Antes de tratar en ésta de otros particulares de las mencionadas cartas suyas, agregaré unas palabras para dejar terminado el asunto en su parte principal y positiva, y del cual en extenso me he ocupado distintas veces, así en mi correspondencia para usted, como también en varias cartas, que he dirigido al Doctor Leopoldo Baptista, quien, al igual de usted, bondadosamente me prestó su fianza en el mismo asunto.

Recordado ha sido ya varias veces que al aceptarles agradecido la fianza á usted y al Doctor Baptista en aquella ocasión, fué convenido que ese pagaré se cancelase con la cantidad que el Gobierno Nacional debía pagarme por la legítima acreencia que contra él tengo por la mitad del viático y dos meses de sueldo que de conformidad con la Ley se me deben del tiempo que desempeñé la Legación de Venezuela en Wáshington.

Como no es natural ni aceptable de mi parte que esa deuda particular sea cancelada en forma distinta á la convenida, juzgué prudente en la anterior ocasión, á fin de una vez solucionar este asunto, autorizar al señor Casimiro Vegas para que se ocupase de él y lo terminase de acuerdo con lo convenido y aceptado por usted desde un principio. Será, pues, un motivo más para repetir á usted las gracias por su bondad, si se digna usted, como lo espero, atender al mencionado amigo, autorizado suficientemente por mí, para que con mayor facilidad llene el cometido que le he confiado, terminando el asunto con la entrega que él hará á usted, al recibirlo, del montante de la reclamación consabida, para saldar la cuenta en referencia.

Dejo así terminada la parte meramente personal que me atañe de modo directo, y paso á ocuparme de la de orden público, de alto y palpitante interés como que entraña la vitalidad y el futuro bienestar de Venezuela: querida y desventurada tierra cuya suerte nos ocupa y preocupa en todo momento á los buenos ciudadanos, más aún en los instantes mismos de honda pesadumbre patriótica, en que yace inquieto el espíritu al ver la serie de desafueros que por desgracia se suceden en el país, y abatido el ánimo por las frecuentes decepciones del Pueblo, crédulo y confiado siempre, esperando la realización de promesas que jamás son cumplidas, burlado en sus esperanzas, desvanecida su fe y perdida su confianza, aunque siempre digno, altivo y celoso de la integridad nacional.

Con especial atención me he enterado de todos los particulares que informan su carta, empezando por las apreciaciones de usted al hablarme de la reunión extraordinaria del Congreso « para someter á su consideración algunas medidas que se relacionan con el progreso del país ».

Es éste el ideal de todo buen patriota, fácil de convertirlo en tangible verdad, siempre que el mandatario esté bien inspirado y estime en más la gloria de ser bienhechor de la Patria, que las riquezas materiales, « que son de duración efímera », pues que el bien es monumento imperecedero del hombre que

ha sabido levantarlo y elevarlo á cánon con
actos de verdadero patriotismo y de elocuente ejemplo para el porvenir.

A la actual expectativa que despierta
siempre en el ánimo del público toda convocatoria hecha al Poder Legislativo para
celebrar reuniones extraordinarias, se une
hoy el recuerdo de la reacción de Diciembre
de 1908, que hizo concebir al país entero ale-
gres ilusiones y vivas esperanzas, fundadas
en el elocuente Manifiesto de usted de la
misma época y en el que, entre otras bellas
cosas, prometía usted absoluta libertad de
industria, tan necesaria para el libre desen-
volvimiento de la riqueza nacional y para el
bienestar de todos; y hemos visto no sólo
subsistentes los viejos monopolios, sino lo
que es más grave, se inician muchos nuevos
y más escandalosos, al mismo tiempo que se
falsean los ideales consignados en aquel
solemne documento público, y se pone en
inminente riesgo lo más sagrado hasta para
los pueblos bárbaros : « la inviolable integridad de la Patria ».

Es bastante sensible que no sea verdad

« el alza de nuestro crédito en el exterior»,
como se han empeñado en hacerlo creer á
usted personas que, sin reparar en los medios,
por perjudiciales que ellos sean á los intereses
del país, tienen empeño en disfrazar los
hechos en provecho propio y para lograr sus
fines..... como ha sucedido con sus antecesores .
en la Administración pública. Por lo visto,
se olvida fácilmente en las cumbres del
Poder, la reciente historia que bien pudiera
servir de lección y saludable ejemplo.

Le aseguro á usted con toda sinceridad y
sin prejuicios de ningún género, que si á
usted le fuera dado venir al extranjero, fácilmente vería el engaño y palparía por sí
mismo todo lo contrario de lo que, por sus
propias palabras, juzgo ha llegado á creer
usted ciegamente como una realidad.

Lo que sí es una triste verdad, por el concepto que merecemos en el exterior, es que
no es posible por el momento llevar capitales
extranjeros á Venezuela, ni aun aprobando
contratos onerosos y funestos, como son los
que actualmente se tratan de negociar en
Europa y que, aparte de lo pernicioso en su

parte material, lo son mucho más en lo moral, porque afectan la dignidad de la Patria, siempre víctima propiciatoria de los aventureros nativos y extranjeros á quienes su afinidad de índole y propósitos de lucro y medro, une para complementarse en sus tramas especulativas, sin detenerse en los medios para llegar á su fin...

Ciertamente ya es tiempo, como usted lo asienta, « de que nos ocupemos de las cosas que engrandezcan la Patria y perpetúen la paz ». Este es mi ideal, y usted sabe bien que siempre, en mis conferencias con usted en Miraflores, sólo de cosas tendentes á ese fin le hablaba, con absoluta prescindencia de pequeñeces y tramoyas políticas, impropias de quien se estima y sabe lo que vale, y se halla animado de elevados sentimientos y sanos propósitos. La paz, sí, la paz se sostiene con el bienestar público antes que con la fuerza de las bayonetas. Sin duda, al recordar esto, también rememorará su fiel memoria, que en distintas oportunidades manifesté á usted exprofeso y bien puntualizado, que mis conocimientos generales en el país en todo orden de cosas, mis relaciones en el interior y en el extranjero, mis aptitudes, cualesquiera que ellas sean, y todo lo que pudiese contribuir á la realización práctica y fecunda de los ideales que informaron el Manifiesto de usted de 20 de Diciembre de 1908, estaban al completo servicio y disposición de usted para el cumplimiento de aquellos ideales : sagrado compromiso contraído por usted voluntariamente con el país, que íntegro le acompañaba confiando en sus promesas y palabra « solemnemente empeñada» al cumplimiento « en todas sus partes» de aquel Programa de Gobierno, que si hubiese sido cumplido, habría cambiado por completo la suerte del país y señalado rumbo muy distinto al porvenir de la Patria, actualmente amenazada, entre otras calamidades de gran trascendencia, con el papel moneda.

Con mi buena fe característica, y como siempre inspirado por el más genuino espíritu de patriotismo, hice á usted esos ofrecimientos, dando lugar mi conducta á que usted comunicara satisfecho, más de una vez, á amigos de entrambos, « que le agradaba hablar conmigo, porque siempre que iba á conferenciar con usted, sólo le trataba de asuntos de interés general para el país ». Si no aprovechó usted en toda su efectividad estos bien inspirados ofrecimientos, culpa es de otros y no mía, pues el más grande ideal que me anima es « el bien positivo y efectivo de la Patria, » hágalo quien lo hiciere, siendo lo primordial, lo interesante, que con HECHOS se ennoblezca y se levante la Patria al más alto grado de civilización y de progreso.

Por desgracia, he visto con la pena y el dolor de buen patriota y sincero amigo de usted, que los procedimientos de la actual Administración cada día se distanciaban más del cumplimiento de aquellas promesas, consignadas en su Manifiesto, por el que contraía sagrados compromisos con el país.

Ello no obstante, he permanecido observando pasivamente y con tristeza suma, la marcha de los acontecimientos, resistiéndome al deseo de hacer lo conducente para que no figurase mi nombre en ninguna lista oficial; sin presentarle obstáculos de ningún

género á su Gobierno, y tratando de evitár-
selos por otros lados, aun cuando estaba en
completo desacuerdo con muchos procedimientos suyos. Así he contenido mis impulsos
de protesta, siempre en espera de ulteriores
rectificaciones de usted, como Magistrado
obligado por el deber y por su palabra empeñada con el país; rectificaciones todavía
esperanzadas para la época de la carta del
doctor Leopoldo Baptista para mí, fechada
en 16 de Junio, y á la que correspondí el 21 de
Julio, escribiéndole también á usted en la
propia ocasión y refiriéndome al contenido
de aquélla en que exteriorizaba, como ahora,
mi manera franca de ver los asuntos de orden
público.

Todavía en cartas posteriores para usted,
reiteré esos mismos conceptos de orden
público, que hoy amplío con nuevos detalles;
y siempre, con los mejores deseos por el bien
de la Patria y por su propio bien, como
patriota y como amigo de usted, he procu-
rado conservar alguna esperanza, creyendo
que usted oiría más al clamor público que á
la voz de los intereses del raquítico círculo

que le rodea, asfixia y engaña, como lo ha
hecho con otros desdichados mandatarios á
quienes ayudó á hundir, después de colo-
carlos en la pendiente que conduce al desastre... Contaba conque usted, general y
amigo, — aleccionado con los HECHOS ya
generalmente conocidos, que deberían servir
siempre de saludable experiencia y elocuente
ejemplo, — se daría á la encomiástica labor
de salvar al país del caos en que ha caído,
librándolo del cúmulo de calamidades que
tiene encima y de las otras muy graves que le
amenazan.

Si se hubiesen hecho aquellas necesarias
rectificaciones, « que jamás deprimen al
mandatario », se habría exhibido usted de
relieve, como hábil piloto que conduce la
República al verdadero puerto de salvación
vislumbrado en el luminoso Programa de
Diciembre; y para lo cual hemos estado dis-
puestos todos los venezolanos de buena
voluntad, animados de la más espontánea
simpatía y el natural cariño, nacidos del
entusiasmo que en nuestras almas de patriotas despertara su Manifiesto. Desgraciada-

mente, estimado general y amigo, aquel resto de lo que propiamente podemos llamar ilusión, se ha derrumbado, al igual de los castillos de naipes al impulso del fatídico soplo del Mensaje de usted presentado al Congreso actualmente reunido en sesiones extraordinarias, por especial convocatoria de usted.

Comparando este documento del 15 de Octubre con el patriótico Manifiesto del 20 de Diciembre de 1908, se destaca la disparidad de tendencias, haciéndolo aparecer como la obra de un hombre de opuestos criterios.

No entro á analizar en detalle ese desdichado Mensaje, porque para ello es reducido el limitado espacio de una carta; y además, porque no lo creo necesario cuando el país con su buen criterio y clara inteligencia lo habrá analizado ya, aunque no por la prensa independiente, que creyendo en la sinceridad de las promesas de usted consignadas en su Manifiesto de Diciembre, se dió á la encomiable labor de juzgar desapasionadamente algunos actos de su Gobierno, sufriendo en no lejano día, junto con la dolorosa decepción, el martirio en las mazmorras, donde han sucumbido tantos y tantos ciudadanos útiles á la Patria, y en donde desde por mucho tiempo ni un momento siquiera han dejado de oirse los gemidos de las víctimas que las repletan; y ni siquiera en los días de celebración de las fiestas centenarias de nuestra Independencia, como un tributo á los Libertadores, se vaciaron aquellos antros sombríos y malditos... En tanto, criminales de primera talla han sido absueltos y pasean libremente su ignominia, dándose hasta el caso de que ocupen importantes puestos públicos con detrimento de todo sentido moral!

Dice usted en su Mensaje que nuestra actual Legislación se opone á ese plan « económico-social» que usted quiere establecer en el país, y pide la revisión de nuestras Leyes como la primera tarea del Congreso en estas sesiones extraordinarias. Eso es pedir una nueva Constitución, — por el sistema tantas veces puesto en práctica, — al mismo Congreso que sancionó la actual, cuya paternidad conoce el país. Y ese sistema de Constituciones veintemesinas, que el particular interés de los hombres del Poder da caprichosamente al país, es la causa principalísima del recelo y desconfianza de los extranjeros honrados que desean llevar sus capitales para emplearlos en decorosas industrias en nuestra Patria.

No es menos cierto que esa « duración efímera » de nuestras leyes ha sido, es y seguirá siendo, mientras exista el antiguo y pernicioso *sistema*, el mejor aliciente para los aventureros de todas partes, á quienes sirve de mucho la instabilidad de las Leyes para explotarnos á su antojo en la forma más acomodaticia y lucrativa.

No es de ese modo como se logra « el alza de nuestro crédito en el extranjero » : para obtenerlo es menester que sean otros muy distintos los procedimientos que se adopten y pongan en ejecución, como sin duda sucedería si aún quisiera usted cumplir con HECHOS el juramento de su Programa que en un momento especial por solemne y propicio, dió usted á un pueblo ávido de equidad, de justicia y de buena fe en sus mandatarios.

Son dos los puntos culminantes del plan que califica usted en su Mensaje de « económico-social » : es el uno el contrato cediendo durante medio siglo considerable porción de nuestra rica y por todos ambicionada Guayana, — desmembrada legendariamente por potencia extranjera; — sin que haya valido para evitar la conculcación de legítimos derechos y el desastre nacional, ni las respetuosas pero enérgicas protestas del Ejecutivo de aquella autonómica Entidad Federal, ni las de su honorable comercio, ni las de todos los honrados industriales y, en general, las de todos los ciudadanos de aquel flagelado Estado, secundadas por el voto salvado de varios miembros del Consejo de Gobierno, la impugnación de algunos patriotas en el seno de las Cámaras Legislativas y la manifiesta oposición de la generalidad del país, que ve siempre en contratos como éste el inminente y cercano peligro que amenaza destruir la unidad nacional.

Todo, absolutamente todo, ha sido insuficiente para lograr que usted deje de apoyar tan decididamente como lo hace, á los burdos é insaciables monopolizadores que acumulan millones sobre millones atropellando todo derecho y viendo con punible desdén el porvenir de Venezuela; llevando la ruina y desolación á laboriosas familias que con su honrada labor ganaban el sustento diario ofrecido por la libre industria.

Cualquiera que sea la reforma que se adopte para traspasar este contrato á manos extranjeras, implica grandísimo peligro para la integridad de la Nación, pues ello constituiría la enajenación, en forma ¡de contrato, de una gran parte de la más importante región de nuestro suelo, tanto por su riqueza, como por la estratégica posición de su territorio.

Sería, por otra parte, nulo de toda nulidad, por haberse hecho contra el querer y la voluntad del país, que ha protestado en diversas y enérgicas formas y contra Leyes sagradas é inviolables.

El otro punto es tan grave como el anotado antes : el negociado del Banco.

Según las cláusulas de este otro contrato concedido á los mismos que todo lo acaparan y venden, irá á establecerse en el país el detestable y pernicioso sistema de papel moneda, desde que el Banco puede emitir en billetes el doble de su capital (*sesenta millones de bolívares*), no estando obligado á tener depositado como fondo de garantía sino la cuarta parte de su capital y que, según se lee en el Mensaje, « los billetes que se emitiesen tendrían circulación fácil en toda la República y *estarían garantizados de conformidad con La Ley*»... Esto es, de la Ley *especial* que se hará para *obligar al país á recibir los billetes de dicho Banco*, y que nos llevará á peor condición, en lo financiero, que en la que está nuestra hermana Colombia, cuyo pueblo, por su intelectualidad, sus virtudes cívicas y su proverbial honradez, es digno de mejor suerte. No obstante, su papel moneda es nacional, en tanto que el que se pretende poner en circulación obligatoria en Venezuela, sería papel de origen extranjero, sin la suficiente garantía que en los países de mediana regularidad administrativa se requiere de los Bancos, ya sean nacionales ó extranjeros.

Si por desgracia, ese Banco de que usted habla con tanto calor y entusiasmo, llegare á establecerse en las condiciones predichas, será el mayor de los desastres habidos para la desventurada Venezuela, donde ningún mandatario, aun pretendiéndolo firme y decididamente, ha podido establecer la circulación forzosa del papel moneda.

Es del caso recordar aquí que en 1895, época del Gobierno del general Joaquín Crespo, se pensó en algo por el estilo de lo que actualmente se pretende. Fué entonces la mía una de las primeras protestas contra aquel proyecto, consignada en carta abierta que dirigí desde Nueva York al Presidente de la República. Al igual de entonces, quiero hacer valer desde ahora mi protesta contra todo lo que de algún modo tienda á cambiar nuestro excelente sistema monetario; impugnando de la misma manera todo Contrato, Ley ó Resolución que pusiese en peligro ó afectare los altos y sagrados intereses del país.

El general Crespo, que si ciertamente tuvo defectos, también lo es que culminaron en su vida muchas nobles cualidades, poseyó talento y percepción natural y claro criterio para desistir de su empeño en acatamiento de la opinión pública, mereciendo en tal ocasión los espontáneos aplausos del país entero.

Para felicidad de la Patria y por el buen nombre de usted, deseo suceda en el presente momento histórico igual cosa que en 1895. Sin que esto quiera decir que niegue la necesidad actual de capitales extranjeros para impulsar el progreso de las industrias en Venezuela, sino los medios empleados para conseguirlo.

Después de expuestas tan poderosas razones y consideraciones en anteriores cartas mías para usted, y en la de 21 de Julio del corrente año para el doctor Baptista, todas encaminadas á poner de manifiesto que disiento en absoluto de los procedimientos que continúa observando la Administración por usted presidida; perdida ya la esperanza — que procuré sostener siempre aun contra los hechos cumplidos — de que usted pudiera hacer rectificaciones, especialmente en la parte administrativa, y convencido como estoy de que continuando los procedimientos puestos en práctica hasta el presente, el país acabará por ir al definitivo é irremediable desastre en lo interior y también, lo que es más grave, que será afectado en lo moral, sufriendo menoscabo su integridad; no quiero, general y amigo, que directa ni indirectamente me toque la más mínima parte de responsabilidad en tales actos; y me veo en el caso de participar á usted que he hecho formal renuncia del cargo de Consejero de Gobierno con que me distinguiera el Congreso Nacional, agradeciéndole muy de veras al Soberano Cuerpo Legislativo y á usted, las distinciones que me han dispensado.

Termino, pues, la presente y ya muy extensa carta, deseando que en la época actual no sea, como lo han sido en otras ocasiones, erróneamente interpretadas mis patrióticas manifestaciones; y haciendo votos por la salvación y felicidad de la Patria y por su dicha personal, me repito,

Su compatriota y amigo,

JOSÉ MANUEL HERNÁNDEZ.

II

San Juan de Puerto Rico,
27 de Novbre de 1911.

SEÑOR GENERAL JUAN VICENTE GÓMEZ,

CARACAS

Señor General,

La carta firmada por usted el 9 de los corrientes, y en la que pretende refutar los fundamentos de mi renuncia, sólo ha servido, señor general, para evidenciar la audaz insensatez de su incapacidad.

Dejemos al supremo tribunal de la opinión pública que dicte su fallo entre usted, nacido y enriquecido en la *memorable Restauración...*, y yo, el *empobrecido* luchador en pro del más elevado ideal patriótico, del más genuino liberalismo.

Debo referir algunos particulares que el país desconoce y que usted trata de desvirtuar apelando á imposturas.

Desde mi regreso á la Patria fueron constantes los ofrecimientos de dinero por parte de usted, ofrecimientos que jamás acepté porque no había razón para aceptarlos; pero sí convine, bajo su palabra de Magistrado, en recibir el pago de lo que el Gobierno me debía : ese fué el origen y la causa del pagaré del Banco.

¿Favores? Indudablemente, señor general, que quien redactó su carta no estaba en cuenta de que esos *favores* cuando usted quiso prestármelos, en un voluminoso fajo de acciones del monopolio de cigarrillos, los rechacé. Recuerde sus palabras : « *Son las de Don Cipriano, de las que hemos dispuesto; y muy pronto le daré otra parte de la Compañía de Navegación del Orinoco* ». ¡Mi respuesta fué darle las gracias por esa *generosidad* y dejar á usted el brazo estirado con su paquete de FAVORES !...

Sin embargo, habla usted de necesidades remediadas y de servicios personales. Esas falsedades son impropias de un hombre de bien y de un Magistrado que debería tener conciencia de la seriedad, de la circunspección á que le obliga el alto puesto que ocupa.

« Cumpliendo mi *Programa de Diciembre*, lo llamé á formar parte del Gobierno Nacional... » El énfasis con que asienta usted ésto, supone cumplido su cometido, por haber llamado á figurar en su gobierno á tal ó cual personalidad política : ignora usted que un hombre, quienquiera que él sea, es sólo un incidente en la vida pública de un país democrático?

Dice usted que soy « la viva encarnación de la reacción. » Sí, señor general; yo represento la reacción cuando se conculcan los sagrados intereses de la Patria; cuando se pretende enajenar su territorio; cuando se monopolizan sus industrias; cuando se quiere destruir su base monetaria; cuando se usa el flagelo como castigo; cuando la emigración sangra al país por la miseria y el terror; cuando los verdugos sustituyen la Ley.

Se enfurece usted y se desata en vulgares invectivas hasta calificarme de infidente, por-

que un ciudadano honrado, al fin convencido
de la incapacidad de usted para el gobierno,
se retira, haciendo uso de un derecho inma-
nente, rehuyendo la parte de responsabilidad
que habría de tocarle al seguir figurando en
la lista oficial de su gobierno, y razonando los
motivos de esta renuncia.

Ese errado criterio de usted y de los funestos personajes que le acompañan en sus deli-
beraciones ejecutivas, harían del hombre un
incondicional de sus caprichos criminales,
un eunuco de la propia dignidad.

No, señor general; deje usted el dictado
de traidor para aquellos que han violado la
justicia; para los que trafican con la dignidad de la Patria; para los que han vulnerado
las leyes de la moral y las de su conciencia; y
por último, para aquellos que se han enriquecido con los caudales públicos y aun á costa
de las pequeñas industrias del proletario.

JOSÉ MANUEL HERNÁNDEZ.

III

A MIS PROTESTADORES

Á TODOS LOS QUE HAN SUSCRITO PROTESTAS CONTRA MI PERSONALIDAD POLÍTICA CON MOTIVO DE MI CARTA DE 28 DE OCTUBRE DE 1911, DIRIGIDA AL GENERAL JUAN V. GÓMEZ.

No por vano alarde de patriotismo, sino por la consideración y el respeto que me merece el juicio de los hombres, quiero dirigirme á ustedes, entre quienes figuran personas de todas las jerarquías políticas y sociales, para reseñar los actos de mi vida pública en el tiempo que fuí Consejero de Gobierno, y al mismo tiempo hacer conocer mejor de ustedes y del País, al hombre que está al frente de los destinos de nuestra democrática República.

Aspiro, con la honradez de mi palabra y la sencillez de mis actos, dejar establecida la verdad, para que sirva de convicción aun á aquellos ciudadanos que gratuitamente puedan serme adversos.

Se ha pretendido refutar los poderosos cargos consignados en mi carta *particular* al General Gómez, de 28 de Octubre último, con otra que dicho general hizo publicar por propia voluntad en *El Universal*, papel oficioso de Caracas, tan pernicioso al país como lo han sido todos los de la misma índole, anteriores á él, desde *La Opinión Nacional* hasta *El Constitucional*.

No habiendo prensa libre en Venezuela, é imperando sólo el terror de los procedimientos policiales, el propósito del general Gómez con esas publicaciones no fué otro que el de levantar alharacas y recibir felicitaciones y protestas, de esas tan conocidas como desacreditadas por el móvil que en la mayoría de los casos las informa. Ello sólo ha servido para poner de manifiesto las grandes contradicciones entre los *hechos* y las palabras, cosa habitual en él.

Para la época de mi carta, aún pensaba que el general Gómez sería capaz de rectificar los errores que, como un deber patriótico, denuncié en el seno de la intimidad, pues como le decía : « La rectificación de errores no deprime al mandatario, sino por el contrario, lo enaltece.» De este error mío se ha encargado de sacarme el mismo general Gómez.

No he de incurrir en la impertinente labor de comentar uno á uno los párrafos de la predicha carta, labor prolija é inútil, desde luego que su contenido, todo falsedades, por decir lo menos, ha debido ser juzgado por el supremo tribunal de la opinión pública, y cuyo inapelable fallo es tanto más fácil de dar en la presente ocasión, cuanto que al país le son bastante conocidas nuestras respectivas vidas públicas : la de Gómez, *desde la memorable Restauración;* la mía desde 1870 en que comencé á luchar, simple adolescente, en pro del más elevado ideal de patriotismo y de genuino liberalismo en el que

siempre me he mantenido sin claudicaciones
de ninguna especie, perseverando entonces,
como ayer y como hoy, para que en nuestra
infortunada Venezuela sean realidad tangible la libertad, bajo todas sus manifestaciones; el progreso material y moral; la
riqueza pública por el afianzamiento del
derecho de propiedad; y la pulcritud administrativa como base primera de nuestra
regeneración moral y política.

El general Gómez al agredirme ha pretendido injuriarme con alevosía, sin recordar
que yo, con mi autoridad moral y con hechos
bochornosos que tengo que enrostrarle,
puedo presentarle ante el país tal cual es.

Ha intentado hacerme aparecer como un
medrador político, abrumado por servicios
que me ha dispensado, quien se cree que el
tesoro público es su feudo particular.

Propiamente el único servicio personal que
le debo no es otro que el de haberme prestado,
junto con el doctor Baptista, su fianza en el
negociado con el Banco de Venezuela, y esto
es hasta cierto punto cosa baladí, dada la
forma convenida para el caso.

En cuanto á la cancelación del pagaré se hizo con la legítima acreencia que tenía yo contra el Gobierno Nacional, como fué acordado desde el principio. En lo referente á la ayuda para mi viaje á Europa, quiero y debo demostrar las cosas tales como son :

El estado de mi salud era tan grave, tan necesitado estaba de un especialista europeo, que los mismos médicos que en Caracas me asistían, aconsejáronme trasladarme al viejo mundo.

Mi situación económica, bastante precaria, — el por qué huelga decirlo, toda vez que en el país y hasta fuera de él es conocida mi pobreza — y la circunstancia de mi enfermedad impulsaron á generosos amigos del Zulia á ofrecerme espontáneamente los recursos necesarios para trasladarme á Europa, esperando sólo mi autorización para proceder. Visto por el general Gómez el telegrama de mis nobles amigos — pues lo tuvo varios días en su poder — manifestó que lo más natural era que fuese el Gobierno quien sufragara tal erogación, tenidos en cuenta los servicios míos y el apoyo decidido prestado á su Administración en momentos difíciles para el Gobierno en aquella situación recién creada. ¡Eso es todo!!...

Aprovecho ahora esta ocasión, ya que se me presenta, para hacer pública la bondad de mis buenos amigos y manifestarles el eterno agradecimiento á que me obligará siempre el recuerdo de su generosa conducta.

Por el contrario, desde mi regreso al país confiado en las constantes promesas de reacción contra el viejo y pernicioso sistema, consignadas en el tantas veces citado Manifiesto de Diciembre, repetidas ocasiones el general Gómez, personalmente y por órgano de amigos de entrambos, también factor principal en los sucesos de Diciembre, se puso enteramente á mis órdenes, ofreciéndome casi diariamente lo que necesitase, lo que quisiera, y jamás acepté nada, nada absolutamente, no obstante mi conocida pobreza y tener que estar atendiendo á los numerosos amigos que del interior de la República venían á saludarme y á ponerse á las órdenes de Gómez para la realización de la obra prometida por él. Y esto no fué por unos días sino por largos meses : desde mi regreso al país el primero de Febrero, hasta el 18 de Diciembre de 1909 que salí de él.

Por si en algún momento aludiera el general Gómez á auxilios prestados para gastos naturales ocasionados por aquellos jefes y amigos míos que fueron á ponerse á las órdenes de él, por mi conducto, bueno es que sepa con anticipación que todo se redujo á dos partidas : una de *mil seiscientos* y otra de *ochocientos bolívares*, enviadas de la Secretaría General. De cómo fueron distribuídas esas *espléndidas* erogaciones, tiene él constancia, pues en su poder existen cartas de las personas entre quienes fueron distribuídas TAN GRANDES SUMAS !... ¡¡Eso es todo!!...

Hay más, y puesto que el general Gómez me pone en el caso de hacer del dominio público otros hechos que bien me los hubiera guardado en secreto toda la vida para no hacerle sonrojar, y evitarle mayores vergüenzas al país, sepa éste que él, Gómez, en cierta ocasión que fuí á hablarle á Miraflores — como siempre de asuntos de interés general, — al despedirme empuñó en su diestra

un voluminoso paquete diciéndome : —
« *Guarde eso*», y á mi pregunta, sorprendido,
interrogándole sobre el contenido de aquel
misterioso paquete su contestación fué : —
« *Parte de las acciones de la Compañía Ciga-*
rrera, que he destinado para usted, son de las
de Don Cipriano de las que hemos dispuesto;
y muy pronto le daré otra parte de la Compa-
ñía de Navegación del Orinoco».

Bien recordará el señor General que le di las
gracias por esta GENEROSIDAD... dejándole el
brazo estirado y el fajo empuñado... ¡Y sin embargo, osa el general Gómez hablar de necesidades remediadas y de servicios personales ! !...

Tales procederes y falsedades son impropias de un hombre de bien y de un Magistrado que debería tener conciencia de la
seriedad y circunspección á que le obliga el
alto puesto que ocupa, y de sus responsabilidades. Tanto más cuando se emplean como
armas de combate — á falta de una justa y
viril defensa para contestar los cargos que le
he hecho por los desaciertos de su Gobierno;
— armas innobles que se vuelven contra quien
las esgrime.

Sabe el general Gómez que el cargo que he desempeñado en su Gobierno no quería ya aceptarlo, y que si al fin lo hice, en obsequio de la Patria, fué para no presentarle inconvenientes en el desarrollo de sus planes, que constantemente prometía hacer prácticos para cumplir así á cabalidad el Programa de Diciembre, que nunca ha sido realizado por más que se empeñen en decir lo contrario. Es factible que un hombre sólo incurra en errores de apreciación, pero el país entero, todo un pueblo en masa, imposible es que se engañe, y menos cuando los hechos á cada instante ponen de manifiesto su desgracia.

Y no es de ahora, es de siempre, el único criterio que ha informado todos mis actos públicos con el Gobierno presidido por el general Gómez.

Así, en la carta autorizada conjuntamente por el general Rolando y mi representante, señor Oscar Larrazábal, para el general Arístides Tellería, fechada en Nueva York, el 27 de Noviembre de 1908, decíamos en uno de sus párrafos : « Porque si el General Gómez en el poder no tiene en cuenta más intereses

16.

que los de la Patria, lo que es su deber y constituirá su gloria; si inicia una era de inmediatas rectificaciones inspiradas en un amplio y sereno criterio de verdadero patriotismo, tal como lo demandan las circunstancias; si desarrolla una política eminentemente nacional, sabia y reparadora, capaz de apaciguar los odios y sanar las hondas heridas que ha recibido el organismo nacional, política á cuyo amparo recobre la Ley su fuero, el ciudadano sus derechos y garantías, la sociedad su decoro y el país entero la confianza y la próspera actividad de mejores días, nosotros que somos enemigos de un sistema y no de un hombre y no luchamos por la mera satisfacción de alcanzar el Poder, consideraríamos un deber prestarle todo nuestro apoyo é influencia para ayudarlo á que llevara á cabo esa obra de redención, ya que veríamos así realizado, de un golpe y por modo incruento, el ideal de justicia que perseguimos y le habríamos ahorrado, á la vez, al país la efusión de sangre, la ruina y los horrores todos de una guerra civil.

Si es que la atmósfera malsana que le forman los áulicos no le hubiere debilitado la memoria al general Gómez, bien puede recordar que, al enterarme por él mismo de que mi nombre figuraba en la lista de los candidatos para constituir aquel Cuerpo, le rogué, y mucho, me excusara de formar parte de él, manifestándole los motivos que á ello me inducían, y recordaría también que, si después de tratar largo rato sobre el particular, convine al fin en acceder á sus deseos, fué debido á las formales promesas que me hizo de que vería cumplidos los principios consignados en su aludido Manifiesto, terminando aquella conferencia con estas palabras : — « Le prometo que usted quedará satisfecho de la organización que voy á darle al país en lo político y administrativo».

Muy á mi pesar he de seguir historiando sobre el mismo tema, para que el país juzgue con entero conocimiento de causa y quede Gómez más evidenciado ante aquél, dada la absoluta falsedad de sus imputaciones.

Se trata de la entrevista que tuvimos aquel día luctuoso para la Sociedad, el siguiente al en que tuvo lugar el escandaloso asesinato del señor Enrique Chaumer, miembro del Concejo Municipal de Caracas, y en la cual se excitó Gómez por las muchas verdades que le expuse.

Entonces, al protestar enérgicamente contra la impolítica y agresiva Circular que, *en nombre de Gómez* publicó su ministro de Relaciones Interiores en la que, pretendiendo excusar al alevoso asesino, atacaba de modo agresivo é inconsulto á un Partido compacto que de atrás venía manifestándole sus propósitos y disposición de ayudarle eficazmente en la obra de la reacción prometida, manifesté al general Gómez que podía disponer del puesto que ocupaba en el Consejo de Gobierno, que obligado por las circunstancias había aceptado, y de ese modo pudiera complacer á otros. No quiso Gómez aceptar aquella renuncia verbal, con lo que sí me habría hecho el mayor de los favores.

Vaya un hecho más de la misma índole. Creo no haya echado en olvido el Mandatario, el caso de pública hostilidad contra mi persona, ejercido por el gobernador del Distrito Federal en los primeros meses de su

Gobierno, incidente que me obligó á pedirle al general Gómez audiencia con carácter urgente, la que tuvo á bien concederme, y en presencia del actual ministro de Finanzas. En aquel acto protesté con toda la energía de mi carácter contra tal agresión que moralmente, si á alguno afectaba, no era por cierto al suscrito ni á su Partido. Y acentué mi protesta, al reclamar pasaporte para ausentarme del país, negándose el general Gómez á concederme ese nuevo favor.

Después de todo lo expuesto, atrévese á hablar en la forma que lo hace en su carta-libelo, que si algún mérito le reconozco es el de haberlo evidenciado tal como él es.

Diga él mismo, con la sinceridad que pueda poseer, si el hombre que procede de ese modo y cuyo desprendimiento conoce bien el país entero, es de los que se apegan á un puesto público, á un sueldo, como insidiosamente se atreve á asegurarlo, al mismo tiempo que habla de sus *favores* y de mi pobreza.

En esto último sí está en lo cierto, y sin quererlo me ha causado una gran satisfacción, satisfacción de hombre honrado, enrostrándome desde la cumbre de sus millones esa pobreza que llevo con orgullo, porque me ha proporcionado al mismo tiempo que un nombre digno, tranquilidad de conciencia, probando el temple de mi carácter, que jamás ha aceptado claudicaciones ni halagos de dinero con mengua de la dignidad nacional ó á costa de la ruina de las industrias.

Creo oportuno para dejar mejor dilucidado lo que dice el general Gómez con motivo de mi renuncia, insertar parte de mi carta para el doctor Leopoldo Baptista, fechada en Málaga el 22 de Julio último, y la que en distintas ocasiones he mencionado al mismo general.

Dice así :

« Sólo un punto de su carta me falta por contestar, es el que se refiere al Consejo de Gobierno. Aparte de este particular sirve de contestación el quinto párrafo de la presente. Por lo demás, crea Vd. que siento de veras que no se haya llamado mi Suplente durante mi ausencia por consideraciones de esa Corporación y especialmente del general Gómez, deferencia que agradezco á mis colegas y en particular al general Gómez.

« Desde que fuí elegido para ese cargo estando aún bastante enfermo, quise escribir pidiendo que de acuerdo con la Ley, se llamara al Suplente, y si no lo he hecho, contrariando así mi voluntad, ha sido porque me ha detenido una sola consideración : la de que la intriga tomara pie en eso también para sus detestables propósitos y fines... Ahora aprovecho la ocasión para significar que creo que cualquiera que sea el tiempo que falte para mi regreso al país no es natural que el puesto continúe acéfalo. Le ruego á usted lo haga saber así á quien corresponda, anticipando á usted las gracias » .

Hay otro particular bastante grave y de índole depravada, sobre el cual quiero llamar la atención pública, y es que el papel de esa capital que aparece como el órgano oficioso de Gómez y de su Gobierno, aprovecha la publicación de mi correspondencia, hecha de intento por el general Gómez para, con capciosos artículos editoriales y con marcada mala intención, esforzarse en hacer aparecer mi carta para Gómez y mi renuncia del puesto de Consejero como inspiradas por gente de

Caracas y de los Estados de la República, buscando sin duda, los autores de tan infame propaganda, despertar sospechas en el ánimo del Mandatario para lanzarlo en el camino de las persecusiones contra aquellos que nada tienen que ver con lo hecho por mí, que procedo de acuerdo con mi propio criterio y sentimientos.

Así lo han hecho estos mismos hombres en todas las épocas : lo hicieron cuando Castro, antes de Castro y continúan haciéndolo después de Castro.

Ante semejante actitud, de individuos sin sentimientos ni conciencia, es de mi deber protestar como formalmente protesto contra semejantes calumnias lanzadas por gente sin escrúpulo, avezada á la insidia y al chisme, generadores ciertos de muchas de las desgracias del país, ¿Cree Gómez que pueden ser amigos los que así proceden...? Ellos son los peores adversarios del Gobierno que dicen defender, los más perniciosos miembros de la sociedad donde viven, porque diseminan la semilla de la corrupción y de la discordia.

Termina el general Gómez su fárrago de falsedades y desatinos amenazando con SU ESPADA VENCEDORA EN VEINTINUEVE BATALLAS. Mucho se ha adelantado el general en la amenaza, nunca más inoportuna cuando de nada bélico ni aun indirectamente trata mi carta para él, sino de la crítica con carácter privado de los errores y desacatos de su Gobierno, bien conocidos dentro y hasta fuera del país.

Lástima y grande, es que no hubiera hecho uso de su *veintinueve veces vencedora espada*, cuando su antiguo jefe y amigo el general Cipriano Castro, aún enfermo, recién salido de un Sanatorio, regresaba á nuestro país, y que apelara entonces al auxilio de Potencias extranjeras para que le detuvieran y devolviesen del camino; dándole así intervención á los extraños en asuntos internos, sin detenerse siquiera á pensar lo funesto que ello es para la autonomía de la Patria y lo costoso que puede serle al erario público este trabajo fiscalizador. Y que haya olvidado también que el amenazado de ahora ha tenido de frente espadas muy bien templadas que no se mostraban valerosas prematuramente y sin haber lugar para la amenaza...

Señores, no lucho por la Presidencia de la República; persigo un ideal : laboro única y exclusivamente por la felicidad de la Patria.

José Manuel Hernández.

ÍNDICE

APÉNDICE

Tip. GARNIER (Chartres). — 162-2-12.